El viaje a la felicidad

A Ticiana, mi nieta más joven. Y a *Pastora*.
A la primera por ver el árbol y el bosque
al mismo tiempo, a pesar de su condición
humana. Y a la segunda por no tener,
como el resto de mamíferos no humanos,
emociones mezcladas.

Introducción

Hace poco más de un siglo, la esperanza de vida en Europa era de treinta años, como la de Sierra Leona en la actualidad: lo justo para aprender a sobrevivir, con suerte, y culminar el propósito evolutivo de reproducirse. No había futuro ni, por lo tanto, la posibilidad de plantearse un objetivo tan insospechado como el de ser felices. Era una cuestión que se aparcaba para después de la muerte y dependía de los dioses.

La revolución científica ha desatado el cambio más importante de toda la historia de la evolución: la prolongación de la esperanza de vida en los países desarrollados, que ha generado más de cuarenta años redundantes –en términos evolutivos–. Los últimos experimentos realizados en los laboratorios apuntan a una esperanza de vida de hasta cuatrocientos años. Por primera vez la humanidad tiene futuro y se plantea, lógicamente, cómo ser feliz aquí y ahora. La gente se ha sumergido en estas aguas desconocidas prácticamente sin la ayuda de nadie. Con la excepción singular del preámbulo de la Constitución de Estados Unidos de América, que establece el derecho de los ciudadanos a buscar su felicidad, no existe nada encaminado a este fin en la práctica del pensamiento científico heredado. Ahora la comunidad científica intenta, por vez primera, iluminar el camino.

El viaje a la felicidad acaba de empezar, y su final es incierto. Se da la paradoja de que, justo en estos momentos, la flor y nata de los científicos lanza un grito de alerta: se ciernen amenazas letales de tal calibre que sólo existe un 50 % de probabilidades de alcanzar el objetivo de la felicidad. Aunque supiéramos lograrla, las amenazas globales provocadas por la acumulación de armas nucleares y su dispersión, el colapso energético, las sustancias químicas y biológicas en manos del terrorismo, el uso perverso de la manipulación genética, la nanotecnología y la robótica entorpecen el viaje hacia la felicidad. A diferencia de los imponderables del pasado, que eran de origen natural, los actuales están inducidos por la mente humana, que podría recorrer ahora el camino de la felicidad, si la dejaran.

Este libro se enmarca en mi fascinación por el impacto de la ciencia en la vida cotidiana de la gente. Su objetivo es muy simple: poner al alcance de los lectores los descubrimientos científicos más recientes sobre la búsqueda de la felicidad. En su mayoría, esos impactos han sido comprobados empíricamente, en humanos y otros animales; pero no ha transcurrido el tiempo suficiente para que sean identificados por el grueso de la población, o aprovechados conscientemente en los comportamientos del siglo XXI.

CAPÍTULO I

La felicidad es un gasto de mantenimiento

Felicidad y recursos

La felicidad es un estado emocional activado por el sistema límbico en el que, al contrario de lo que cree mucha gente, el cerebro consciente tiene poco que decir. Al igual que ocurre con los billones de membranas que protegen sus respectivos núcleos y que hacen de nuestro organismo una comunidad andante de células, desgraciadamente el cerebro consciente se entera demasiado tarde cuando una de esas células ha decidido actuar como un terrorista: un tumor cancerígeno, por ejemplo, que decide por su cuenta y riesgo prescindir de la comunicación solidaria con su entorno, a costa de poner en peligro a todo el colectivo.

Las miles de agresiones que sufren las células a lo largo del día, así como los procesos regenerativos o reparadores puestos en marcha automáticamente, también escapan a la capacidad consciente del cerebro. En lo esencial estamos programados, aunque sea imperfectamente. En la actualidad, tras décadas de estudios dedicados a la mosca de la fruta, una extraña compañera de viaje con la que compartimos buena parte de nuestra herencia genética, se ha descubierto una proteína llamada CREB que incide poderosamente en la transformación de la información en memoria a largo plazo. También afecta a otras áreas del comportamiento, como nuestros instintos maternales y nuestros ritmos de sueño y vigilia. Esto sugiere que la maquinaria molecular implicada en los procesos de la memoria y del aprendizaje se ha conservado prácticamente intacta. De ahí arranca el problema de la búsqueda de la felicidad supeditada a la genética y a las emociones programadas vulnerables. No es la única instancia en la que el trabajo de la evolución habría culminado de otra manera si, en lugar del resultado de la convergencia evolutiva, se hubiera podido ingeniar de nuevo. El sistema de visión de los humanos es un buen ejemplo de ello.

El escaso papel desempeñado por el cerebro consciente en los procesos celulares no implica, en cambio, que se pueda vivir al margen de ellos. La contaminación atmosférica, la acción del oxígeno o el estrés a través de los flujos hormonales inciden, directamente, sobre las células o los restos de células. Las decisiones conscientes, como dejar de fumar, contribuyen a disminuir el número de agresiones; y las acciones tendentes a reforzar los procesos reparadores, como la ingesta de antioxidantes, también pueden modelar la longevidad de las células.

Ocurre lo mismo con las emociones. Su origen en la parte no consciente del cerebro no implica que se pueda vivir al margen del sistema límbico. A pesar de la relativa incompatibilidad entre los códigos primitivos que emanan de la amígdala y el hipotálamo por una parte, y del neocórtex por otra; a pesar del ímpetu avasallador de los instintos sobre el pensamiento lógico o racional; a pesar del escaso conocimiento acumulado sobre los procesos y la inteligencia emocional con relación a las actividades ubicadas en la corteza superior del cerebro, sería aberrante creer que se puede vivir al margen de las emociones. Sin embargo, ése fue el modelo elegido por los humanos desde los albores de la historia del pensamiento, incluso a partir de la etapa «civilizada» que arranca en los tiempos babilónicos, gracias a la invención de la escritura. Aquel modelo se ha prolongado hasta hace menos de una década. De ahí que el siglo XX nos haya dejado con esa impresión, como me dijo en una ocasión el pintor Antonio López, «de falta de esplendor».

Esa falta de esplendor obedece a razones que van mucho más allá del error de haber singularizado las emociones como la componente irracional y detestable del ser humano; una característica de todas las grandes religiones y de los pensadores griegos como Platón. Es más, hasta hace muy pocos años, también la comunidad científica despreciaba el estudio del sistema emocional como algo voluble, difícil de evaluar y por lo tanto ajeno a su campo de investigación. La verdad es que la falta de esplendor a la que se refería Antonio López, que enturbia la mirada de la gente en pleno siglo XXI, tiene causas biológicas profundas. La falta de esplendor es el reflejo de la notoria ausencia de una emoción llamada felicidad, ya que los humanos –por razones que

Falta esplendor porque falta mantenimiento. *Madrid desde Torres Blancas* (1982) de Antonio López, colección particular.

se analizarán a continuación– soportan un déficit inesperado de este bien por causas estrictamente evolutivas.

Todos los organismos vivos se enfrentan a una alternativa trascendental: deben asumir qué parte de sus recursos limitados dedican a las inversiones que garantizan la perpetuación de su especie, y qué parte de sus esfuerzos se destinan al puro mantenimiento del organismo. Cualquier equivocación al resolver este dilema se paga –a través de la selección natural– con la desaparición de la especie. No se pueden cometer errores y si se cometen, los criterios de adaptación a un entorno determinado premiarán a la especie que no los haya cometido. Los animales extraen su energía del oxígeno, que reacciona con sus compuestos ricos en hidrógeno, de la misma manera que una llama se mantiene «viva» mientras sus ceras enriquecidas de hidrógeno tienen suficiente combustible de oxígeno. Pero –como explica Dorion Sagan, el hijo del famoso astrónomo Carl Sagan y de la bióloga Lynn Margulis– la «cremá» de los organismos comporta, además del mantenimiento de una forma determinada durante un período relativamente corto, como ocurre con una llama parpadeante, la reproducción de su forma y funciones para la posteridad.

En algunos casos esta inversión implica unos costes extraordinarios. Así ocurre con la rata marsupial australiana *Antechinus stuarti*. Su vida es una batalla entre los machos para conseguir hembras con las que copular durante doce horas seguidas. En esta batalla consumen la salud de sus órganos principales y su vida, que se apaga en el curso de un solo período de apareamiento. En el caso de las longevas tortugas, la evolución hizo compatible lo aparentemente contradictorio: la apreciable inversión en reproducción que supone encontrar pareja para un animal que necesita mucho tiempo para recorrer su hábitat, se contrapone a un gasto de mantenimiento todavía más cuantioso –mantener vivo el organismo durante muchos años– debido a la reducción drástica de costes de mantenimiento gracias a la hibernación. La longevidad de las tortugas, auspiciada por el sofisticado caparazón protector y necesaria, dada la clamorosa lentitud de sus ademanes, no hubiera podido financiarse sin los respiros que da el gasto cero en mantenimiento durante la hibernación.

Como sugiere el gerontólogo Tom Kirkwood, de la Universidad de Newcastle upon Tyne, la selección natural alcanzará su compromiso óptimo entre la energía gastada en reproducción y la consumida en mantenimiento cuando cualquier mejora en la reproducción sea contrarrestada por una pérdida creciente de la capacidad de supervivencia. En estas condiciones, es fácil entender por qué cada especie tiene una longevidad distinta. Los animales expuestos a un elevado riesgo invertirán menos en mantenimiento y mucho en reproducción, mientras que los organismos expuestos a un nivel de riesgo pequeño actuarán de la forma contraria.

Un caparazón como el de la tortuga, tal como sugería, protege de muchos accidentes y de los depredadores. No tiene sentido gastar poco en mantenimiento y envejecer rápido porque siendo su esperanza de vida elevada, vale la pena mejorar un poco los recursos en mantenimiento y así no desperdiciar las posibilidades de protección a largo plazo que ofrece el caparazón.

Los murciélagos, que desarrollaron la capacidad de volar partiendo de su condición de roedores, viven más que los ratones, que siguen rastreando la tierra. Pero también se reproducen más despacio. En conjunto, los pájaros viven más que los animales que habitan en guaridas subterráneas, y las aves que no vuelan viven menos que las demás.

Demasiada inversión. Esta rata marsupial australiana puede copular durante doce horas seguidas.

Los homínidos se caracterizan por un sistema de reproducción tremendamente ineficaz y, por lo tanto, oneroso. La vía de la reproducción sexual en lugar de la simple subdivisión clónica, como en las estrellas de mar, implica que en lugar de reproducir un ser partiendo de otro hacen falta dos para que nazca un tercero. La perpetuación de la especie exige superar dos barreras casi infranqueables: la indefensión derivada de una larguísima infancia originada por un nacimiento prematuro y la búsqueda aleatoria y terriblemente costosa de pareja. Las inversiones del organismo en las tareas de reproducción eran, y siguen siendo, cuantiosas: búsqueda de pareja, a menudo infructuosa, en otra familia o tribu, a la que se arrebata exponiéndose a represalias; una pubertad tardía, pocos años antes de que expirara la esperanza de vida –inferior a treinta años hasta hace menos de siglo y medio–; contados períodos de fertilidad de las hembras y gestaciones largas y a menudo demasiado improductivas.

Para la especie humana, cuyo organismo se enfrenta a las inversiones vitales para superar todos estos obstáculos, resultaba contraproducente invertir en exceso en el mantenimiento de un organismo que, de todos modos, no iba a superar los treinta años de vida. Compaginar un coste altísimo de reproducción con una esperanza de vida efímera pasaba por escatimar el presupuesto destinado al mantenimiento y, por lo tanto, a la felicidad. Bastaba un sistema inmunitario que hiciera frente, mal que bien, a las infecciones externas clásicas y conocidas, transmitidas por los insectos sociales; o que contara con los mecanismos elementales para cicatrizar las heridas frecuentes en los entornos primitivos.

En ese diseño biológico –cuando la vida se agotaba pronto, sin apenas tiempo para garantizar la reproducción– no tenía sentido contemplar los efectos del desgaste celular provocado por la edad madura, la acumulación de células indeseables, o las mutaciones en los cromosomas y mitocondrias. No entraban en los cálculos evolutivos la fijación de objetivos como el del mantenimiento de la salud o la conquista de la felicidad. Si quedaba algún recurso disponible era más lógico asignarlo a las pesadas cargas de la reproducción. El objetivo de una vida feliz y sin problemas se dejaba para el más allá. Eso sí: un futuro lleno de bonanza y para la eternidad. Sin apenas inversión, se suponía que todos los gastos se centrarían en el puro mantenimiento por los siglos de los siglos. A los gobiernos siempre les ha convenido que sus súbditos postergaran a la otra vida la felicidad; valga como tétrico ejemplo el uso de bosnios musulmanes por las tropas nazis en sus operaciones de conquista, subrayando la eficacia bélica de los que sacrificaban su vida sabiendo que el paraíso después de la muerte sería su recompensa.

Dos revoluciones

Dos revoluciones históricas han trastocado este modelo: una conceptual y otra fisiológica. Lo sorprendente de la primera de esas dos revoluciones –la darwiniana, con la publicación de *El origen de las especies por la selección natural* en 1859– es que corrobora la lentitud, la morosidad casi genética, del cambio cultural. Han debido transcurrir nada menos que ciento cincuenta años para que aquel libro –que tuvo un éxito editorial inmediato y espectacular para la época– calara en la mente de la ciudadanía ilustrada, hasta generar el consenso actual, por lo menos entre la comunidad científica del planeta. Traigo a colación a este respecto una conversación con el paleontólogo Yves Coppens, miembro de la Real Academia de Ciencias, profesor del Collège de France y codescubridor –con Donald Johanson, actual director del Institute of Human Origins de la Arizona State University– del fósil de la primera homínido de entonces, *Australopithecus afarensis*, de hace más de tres millones de años.

«Cuando excavamos en busca de fósiles –me decía Yves Coppens mientras su rostro se reflejaba en la imponente mesa de la sala del Colegio– casi siempre se repite el mismo proceso: identificamos primero un cambio biológico en el esqueleto. Al poco tiempo descubrimos el impacto técnico (una mejora de las herramientas, por ejemplo); pero el cambio cultural resultante en nuevos esquemas organizativos o representaciones del mundo exterior puede tardar miles de años.»

El hecho es que en tiempos de Darwin el pensamiento convencional evolucionaba en un escenario limitado por la brevedad del tiempo –apenas los cuatro mil años en que se había cifrado la Historia del Universo a partir del relato bíblico–. En ese escenario se movían unos arquetipos inalterables: el del hombre, la mujer, el caballo o el gato, todos ellos creados por Dios. Como ha expresado gráficamente el zoólogo y divulgador científico británico Henry Gee, la música celestial eran los arquetipos, y cualquier variación, mutación o aumento de la diversidad era puro ruido. Treinta años antes de la publicación de *El origen de las especies*, Darwin ya sabía que ese escenario heredado no coincidía con la realidad observada de la evolución incesante, a partir de microorganismos, hacia una diversidad agobiante de especies movidas por la adaptación a su entorno y las mutaciones aleatorias. Los arquetipos –vino a decir Darwin– son imágenes efímeras, el *ruido* de la historia de la evolución; la *música* es la diversidad.

¿Por qué Darwin tuvo que esperar casi treinta años para difundir, con la prudencia que le caracterizaba, sus nuevas ideas sobre la evolución? Tuvo que esperar, sencillamente, a que los geólogos demostraran que el origen del Universo, lejos de remontarse a sólo cuatro mil años –como sugerían los estudios bíblicos–, se podía cifrar en unos catorce mil millones de años. Si el origen del Universo se remontaba sólo a cuatro mil años no cabía, obviamente, la historia de la evolución de la vida tal y como él la prefiguraba. En catorce mil millones de años, en cambio, había tiempo suficiente para que a los trescientos mil del inicio del Universo surgiera la luz, se condensara la materia galáctica más tarde, se formara el sistema solar hace unos cinco mil millones de años, aparecieran las primeras bacterias unos mil millones de años después y a ellas les sucedieran las plantas, protistas, artrópodos, tetrápodos, reptiles, mamíferos, primates sociales y homínidos. La diversidad y la evolución son las características básicas de la vida biológica.

Como había advertido ya a comienzos del siglo XVII el filósofo y médico inglés Francis Bacon, con su inteligencia premonitora: «Percatados ya de la Naturaleza desde su variabilidad, y de las razones que la motivan, será muy sencillo conducirla mediante el conocimiento hasta el punto en que la llevó el azar». Bacon estaba prefigurando, hace cuatro siglos, la era del control biológico en la que ahora nos adentramos. Y más. El mundo no estaba poblado por unos arquetipos clónicos e invariables condicionados por leyes divinas. Las especies podían evolucionar hasta tal punto que se configuraran de manera distinta fijándose objetivos nuevos que nunca habían anticipado. La segunda revolución –la de carácter fisiológico– creó los soportes necesarios para que cristalizaran estos cambios.

Si se pregunta a la comunidad científica inmersa en sus investigaciones, o a la gente de la calle, por el acontecimiento más singular y trascendente de toda la historia de la evolución desde el origen de la vida, pocos atinarán a apuntar la triplicación de la esperanza de vida en los países desarrollados en menos de doscientos años. Súbitamente, la especie humana, las mujeres y los hombres –algo más las mujeres–, dispone de cuarenta años adicionales de vida después de haber cumplido con las tareas reproductoras. Nunca había ocurrido nada parecido en ninguna especie; y mucho menos en tan poco tiempo –sin necesidad de ninguna mutación aleatoria o más bien a pesar de las numerosas mutaciones con que carga cada generación–. El fenómeno no tiene precedentes, y el descubrimiento revolucionario de que no estamos programados para morir está muy lejos de calar en la conciencia humana y, todavía menos, en la programación y los mecanismos decisorios de las instituciones sociales y políticas.

El futuro ha dejado de ser monopolio de la juventud. En numerosos países, incluido España, ya son mayoría las personas maduras y no los jóvenes. Los descendientes de aquellos moradores de Atapuerca de hace medio millón de años, a los que delataban como viejos sus ojos empequeñecidos y la nariz agrandada por el retraimiento de la epidermis al consumirse la vida a los treinta años, disponen ahora de otros cincuenta inéditos. Por primera vez en la historia de la evolución, los descendientes de aquellos moradores tienen futuro aquí y ahora.

Lógicamente, la especie –cumplidas las funciones reproductoras– va a dedicar esfuerzos y recursos sin fin para colmar la brecha de mantenimiento. En primerísimo lugar, abordará un gasto de mantenimiento capital como son los factores que, ciertamente, contribuyen a la felicidad relegada, hasta ahora, a la otra vida. Junto al objetivo de la felicidad, o conjuntamente con ella, figuran otros como la mejora de la calidad de vida, además de su prolongación; la salud y el control biológico; la modificación del sistema inmunitario para que actúe en las enfermedades degenerativas características de la edad madura, en lugar de responder «no sabe o no contesta» –o de hacerlo en contra del propio organismo como sucede en las enfermedades llamadas autoinmunitarias–; el ocio y el entretenimiento; la interactividad con sus semejantes extraños, con los que antes sólo «confraternizaba» en las guerras; incluidas las máquinas con las que explorará métodos para fusionarse; la profundización en la gestión de sus propias emociones, incluida la inteligencia emocional, definida por primera vez en un artículo científico de John D. Mayer y Peter Salovey en 1990 y popularizada después por Daniel Goleman; la planificación del futuro individual y colectivo a la que antes no había lugar.

Todo lo anterior implica impulsar con ímpetu la revolución científica en curso, aunque aún no seamos capaces de plantearnos algunas preguntas fundamentales que contestaremos en el futuro. En palabras de sir John Maddox, físico y prestigioso periodista científico, «cada descubrimiento, al mejorar nuestros conocimientos actuales, también agranda las fronteras de nuestra ignorancia». Sin embargo, Maddox apunta algunas de las incógnitas más acuciantes que esperan respuesta por parte de la comunidad científica: apenas vislumbramos cómo se organiza el torbellino de células nerviosas que habita nuestro cerebro para conformar seres humanos pensantes; sabemos cuándo empezó la vida en el planeta Tierra, pero no cómo; el genoma humano será la puerta de acceso a un conocimiento extraordinario que permitirá concebir medicamentos y curas preventivas para muchas de las enfermedades que hoy en día siegan la vida de millones de personas; insistiremos, gracias en parte a una revolucionaria y creciente interdisciplinariedad, en la influencia del entorno sobre la herencia genética; incluso la descripción física del Universo tal y como se ha expuesto a lo largo del siglo XX tiene agujeros negros por resolver –la reconciliación de la mecánica cuántica con la teoría de la gravitación de Albert Einstein, entre otros muchos misterios fundamentales–. ¿Podrán unirse las leyes de la física? ¿Cuál es la base biológica de la conciencia? ¿Cuál será la esperanza de vida de los seres humanos? ¿Qué controla la regeneración de nuestros órganos? ¿Estamos solos en el universo? ¿Qué cambios genéticos nos han convertido en humanos? ¿Cómo se almacenan y se despiertan los recuerdos en la memoria? ¿Qué energía reemplazará al petróleo? ¿Qué provoca la esquizofrenia o el autismo?

Cual batallón fantasmagórico, hay un sinfín de preguntas en el aire con las que, de forma consciente o inconsciente, convivimos inexorablemente, con algunas desde hace siglos. Nos acechan respuestas imprescindibles para despejar los prejuicios anclados en nuestras mentes arcaicas y poder reformar los sistemas sociales, religiosos, económicos o políticos que determinan la calidad de vida de todos los seres vivos del planeta y que siguen siendo obstáculos ingentes en el laborioso viaje a la felicidad.

Por encima de todo, los nuevos homínidos dotados por primera vez de futuro exigirán, también al Estado, sin más contemplaciones, que colme sus déficit intolerables de mantenimiento de infraestructuras logísticas y sociales. Es absolutamente desproporcionada la relación entre el gasto de mantenimiento necesario para la conservación de los bosques y el sufrimiento indescriptible infligido a la naturaleza y a las personas con los incendios de cada verano. No son comparables la modesta cuantía de gastos de conservación imprescindibles para evitar los accidentes de tráfico y el ingente caudal de muertos y tetrapléjicos provocados por los accidentes todos los fines de semana. No tiene justificación la amargura y el desamparo del ciudadano que, pese a cumplir con sus obligaciones fiscales, es víctima de la delincuencia por falta de recursos destinados a un sistema policial y jurídico más eficaz. No hace falta ser adivino para anticipar que –establecida ya la necesidad de compensar a nivel biológico las carencias de mantenimiento– la misma demanda acabará contaminando la oferta colectiva de servicios aquejada, en mayor grado todavía, de idéntico mal.

Resulta curioso que otro tipo de investigaciones originadas en escenarios distintos –entre otros, el laboratorio del psicólogo positivista Martin Seligman en la Universidad de Pennsylvania– apunten en la misma dirección. Al estudiar las bases de la felicidad, la psicología moderna distingue dos fuentes: el placer, por una parte, y el sentido que da a la vida un determinado compromiso por otra. Según Seligman la felicidad originada en el placer termina con él y «se pierde bajo las olas del devenir». Para que la felicidad perdure más allá de un instante, es preciso que sea fruto no sólo del placer, sino también del sentido o significado que da a la vida un compromiso. Es justamente esto –de acuerdo con científicos como Mihaly Csikszentmihalyi, profesor de Psicología de la Universidad de Chicago– lo que produce el flujo que desemboca en la felicidad. Se trata de un flujo concentrado que no está lejos del patrón de vivir inmerso en obsesiones sucesivas. Otros psicólogos positivistas apuntan hacia algo tan intangible, en los tiempos que corren, como una escala de valores. De acuerdo con esta novedosa teoría de la psicología moderna –cuyas raíces sería fácil identificar en escuelas del pensamiento no tan modernas–, el aumento de los niveles de infelicidad en el mundo de hoy se explicaría por una inversión excesiva en bienes materiales, en detrimento de valores de mantenimiento más intangibles.

Cuando se analiza la paradoja del declive de los niveles de felicidad –como se expone en el capítulo 6– en un mundo en el que no cesa de aumentar el nivel de bienes y equipos producidos, se llega también a la conclusión de que la sociedad moderna ha invertido demasiado en frigoríficos, lavavajillas, coches, grúas, carreteras o equipos digitales y demasiado poco en valores intangibles como el compromiso con los demás o la felicidad. La psicología y la neurología modernas están confirmando lo que otros científicos, biólogos y algunos filósofos, muy pocos, intuyeron hace tiempo: en algunas especies y organismos se produce demasiada inversión, al tiempo que se dedican escasos recursos al mantenimiento. La felicidad no depende tanto del nivel de inversión en la perpetuación de la especie y el equipamiento, como de algo menos tangible caracterizado por actitudes y valores vinculados al mantenimiento de la especie en condiciones sostenibles.

CAPÍTULO 2

La felicidad en las amebas, los reptiles y los mamíferos no humanos

En busca de los orígenes

Más de un lector se extrañará –a la luz del título de este capítulo– de que se rastreen en los reptiles y los mamíferos no humanos manifestaciones de un fenómeno tan complejo y característicamente humano como la felicidad. ¿De verdad se puede aprender algo del comportamiento de los reptiles y los mamíferos que pueda servir a los humanos para atinar mejor en su viaje a la felicidad? Mi respuesta no sólo consiste en exclamar un sí tajante, sino en sugerir que en este viaje han quedado huellas muy anteriores que se remontan a antecesores nuestros directos, como los peces, y a otros todavía más lejanos, como las amebas y las bacterias.

Con la excepción del neocórtex –la parte del cerebro más desarrollada en los primates y los homínidos en el curso más reciente de la evolución–, es muy difícil distinguir, a simple vista, las diferencias anatómicas entre el cerebro de un cerdo y el de un hombre o una mujer. Seguimos manteniendo la misma estructura del cerebro reptiliano responsable de las funciones básicas para sobrevivir; del cerebro gestor de las emociones, incluida la amígdala, de los mamíferos –como las ratas, que nos precedieron–, y hemos desarrollado el neocórtex en mayor medida que los demás primates sociales –como los chimpancés–, aunque todavía no se entiendan del todo las razones. Que nadie se lleve a engaño: no se trata de tres cerebros separados que la evolución ha ido acumulando en saltos sucesivos, dejando inservibles los anteriores a medida que se consolidaba el más moderno. Nada parecido a lo que ocurre con la espiral de los amonites que iban taponando los espacios redundantes del caparazón a cada vuelta del caracol hacia la madurez. Los amonites vivieron en el Cretácico y el Jurásico, pero todavía hoy existen unos moluscos del género *nautilus* que, como hacían los amonites, van sellando los tabiques de las cámaras a medida que construyen otra mayor para albergar su cuerpo que va creciendo, y ese caparazón «sin bicho», lleno de gas más ligero que el agua, lo utilizaron a modo de boya para flotar.

En el caso de los primates sociales, los tres cerebros siguen activos y plenamente integrados. Tanto es así que el neocórtex recuerda a esos espacios silenciosos llenos de ordenadores que alquilan las empresas en los polígonos industriales adyacentes a las grandes urbes, para concentrar y garantizar sus sistemas de interconectividad. Si alguien se empeñara en definir el orden de prioridades de los tres cerebros tendría que acabar sugiriendo que los dos primeros –el reptiliano y el cerebro paleomamífero–, en lenguaje empresarial, han firmado un contrato de conectividad en régimen de *outsourcing* o subcontratación con el tercero, el más reciente, también llamado neomamífero, ya que ninguno de los tres se vale por sí mismo.

Siendo ésta la realidad, la pregunta del inicio de este capítulo debería ser exactamente la opuesta. ¿Puede alguien interesado en desbrozar los obstáculos en el viaje a la felicidad desdeñar la experiencia acumulada por los pioneros de los órganos rectores de la gestión emocional? ¿Acaso se puede creer que el secreto de la felicidad sólo se remonta a lo ocurrido durante los dos últimos millones de años a una rama particular de los homínidos que heredó unos órganos gestores de las emociones idénticos a los de los pioneros? No obstante, para la gran mayoría de científicos, los animales no humanos eran –hasta hace muy poco tiempo– meras máquinas que reaccionaban frente a estímulos exteriores. Para el pensamiento en boga hasta hace unos años, los animales no tenían ni emociones, ni inteligencia, ni conciencia; sólo comportamientos inducidos por recompensas o castigos impuestos por el entorno. En la actualidad, el consenso científico apunta en la dirección opuesta, refrendada por John Bonner, profesor emérito de Ecología y Biología evolutiva en la Universidad de Princeton. «Creo que toda inteligencia es un continuo, sea animal o humana, es sólo una cuestión de grado. Y aplico el mismo argumento a la conciencia. Un viejo amigo mío, el biólogo Donald Griffin, reformuló la gran pregunta de si sólo los seres humanos son conscientes preguntándose "¿cómo sabemos que los animales no son conscientes de sus actos?".»

Sería imperdonable que no llamase la atención de los lectores sobre el fascinante caso de los llamados mohos mucilaginosos. Entre otras cosas, contemplándolos se está mucho más cerca de desentrañar uno de los grandes misterios de la vida: cómo se pudo dar el salto desde los organismos unicelulares como las bacterias a los organismos pluricelulares como los artrópodos, los reptiles y los mamíferos.

Bajo el nombre un tanto repugnante, a pesar de su colorida belleza, de moho mucilaginoso, se esconden unos seres muy peculiares, que los micólogos definen como hongos y los zoólogos como animales. Podrían no ser ni lo uno ni lo otro y considerarse, simplemente, protistas. Existen dos grandes grupos: los mohos mucilaginosos plasmodiales y los celulares. Los primeros adoptan la forma de una ameba gigante que contiene miles de núcleos, llamada plasmodio. Los plasmodios más grandes llegan a alcanzar áreas de unos dos metros cuadrados, y son las células que no se dividen más grandes que se conocen. Son de colores brillantes, como amarillo, marrón y blanco. Aunque parezca increíble, los plasmodios son capaces de encontrar el camino más corto a través de un laberinto, en lo que constituye un interesante ejemplo de procesamiento de información sin la participación de un sistema nervioso.

En Japón se llevó a cabo el primer experimento colocando un moho plasmodial, un *Physarum polycephalum*, en un laberinto de 10 cm^2 que tenía cuatro trayectorias posibles. En condiciones normales, el moho extendía una red de «patas» tubulares, llamadas seudópodos, por toda la superficie disponible. Pero cuando se le tentó con dos montoncitos de comida –copos de avena molidos– situados en dos de las salidas del laberinto, modificó su cuerpo y adoptó la trayectoria más corta posible. El moho cambió su forma para maximizar su eficiencia en la búsqueda de alimentos y, con ello, mejorar sus posibilidades de supervivencia. La presencia de comida originó un incremento local de las estructuras tubulares del organismo que le sirven de «esqueleto», impulsándolo hacia el alimento. Cuando se publicaron estos resultados en *Nature*, una de las revistas científicas más prestigiosas del mundo, los investigadores escribieron: «Este proceso notable de computación celular implica que los materiales celulares pueden mostrar una inteligencia primitiva». ¡Cuánta razón tenía el biólogo amigo de John Bonner al afirmar que nadie puede estar seguro de que los animales no tienen conciencia!

La historia fantástica de los mohos mucilaginosos celulares o «amebas» sociales tampoco se queda atrás. Cuando hay comida suficiente y las condiciones de temperatura y humedad son adecuadas, se comportan como células ameboides individuales, que se desplazan por el suelo del bosque, comiendo alegremente bacterias y levaduras, y reproduciéndose por el método más sencillo, es decir, una célula madre que se divide en dos células hijas idénticas. Sin embargo, cuando las condiciones cambian y se produce alguna situación de estrés, por ejemplo cuando hay escasez de comida, algunas de ellas lanzan un grito de angustia, convertido en unas cuantas moléculas de alguna sustancia procedente de la química celular, como el monofosfato de adenosina cíclico. John Bonner, que ha estudiado los mohos mucilaginosos celulares durante más de cincuenta años, llamó a esta molécula señalizadora o quimiotáctica, de forma genérica Acrasina, el nombre de la bruja que atraía a los hombres a su lado y después los convertía en bestias, que aparece en el poema narrativo del siglo XVI *La reina de las hadas*, de Edmund Spenser. Esta señal química, pues, permite que decenas de miles de estas amebas de vida individual se unan y formen un organismo pluricelular.

Esta estructura compuesta por amebas individuales, que acostumbra a medir entre dos y cuatro milímetros de largo, se llama seudoplasmodio. No es un mero amasijo de células: al unirse, las distintas amebas que individualmente son idénticas se distribuyen en tejidos diferenciados; se crea un interior y una cubierta viscosa; las zonas anterior y posterior; es decir, una cabeza y una cola bien definidas. Sus células pueden morir y reproducirse, como las de nuestro cuerpo. Este seudoplasmodio migra hacia la luz desplazándose por el suelo, y cuando llega a un área del bosque suficientemente iluminada deja de desplazarse.

Entonces se reestructura para adoptar una nueva forma que le servirá para reproducirse, y que se parece muchísimo a las estructuras reproductoras habituales de los hongos. Es el llamado cuerpo fructífero, que consiste en un tallo que sirve para separar aproximadamente un centímetro del suelo una pelota de esporas que sostiene en la parte superior. Las células que han formado el tallo mueren una vez éste se ha construido, y las esporas son células protegidas por paredes de celulosa muy resistentes. Se ha demostrado que existe una correspondencia entre los tejidos del seudoplasmodio y las dos partes del cuerpo fructífero. Las esporas se esparcen por los alrededores y vuelven a ser amebas de vida individual cuando la comida es de nuevo abundante.

Puesto que todas las células mohos mucilaginosos que crecen en una misma zona del bosque poseen una dotación genética idéntica, se puede afirmar que todo el conjunto constituye un único organismo, cuyas células viven juntas o separadas en función de las condiciones ambientales. Por esta razón, y también porque se cultivan fácilmente y no son patógenos, estos peculiares organismos sirven de modelo en estudios de comunicación y diferenciación celular y de muerte celular programada o apoptosis. Los investigadores están convencidos de que el estudio de estos organismos puede arrojar mucha luz sobre los procesos biológicos que hicieron posible la aparición de seres pluricelulares a partir de células individuales. Como no podía ser de otro modo, también ilustra parajes esenciales del viaje a la felicidad de los humanos, como la adaptación de su estado social –solitario o acompañado– a la naturaleza del entorno de abundancia o escasez.

En las páginas que siguen se desgranan otros ejemplos de lo que John Bonner tenía en mente y que constatan, de paso, que en el estudio comparativo de la vida emocional de los animales abundan más pistas para el viaje a la felicidad de los humanos que en muchos manuales de autoayuda al uso. Probablemente, la manera más simple de aprovechar la experiencia acumulada durante centenares de millones de años por los otros animales consista en abordar primero los rasgos que siguen siendo comunes entre ellos y nosotros. Posteriormente, se identificarán enseñanzas no menos valiosas, aquilatando los rasgos netamente diferenciales.

Lo que nos une

PISTA NÚMERO 1
La felicidad está escondida en la sala de espera de la felicidad

Al darle de comer a mi perra *Pastora*, siempre ocurría algo que nunca acababa de entender. En cuanto me dirigía a la terraza a la hora de la comida para recoger su plato, *Pastora* iniciaba una danza alucinante

Mi perra *Pastora,* como todos los animales y a diferencia de los humanos, no tiene emociones mezcladas.

fruto de la alegría y la felicidad que la embargaban súbitamente. No sólo movía la cola sin parar, sino que saltaba, literalmente, a mi alrededor, interponiéndose en el camino a la cocina donde guardaba los cereales. No servía de nada decirle, cariñosamente: «¡Cálmate, *Pastorita*, que no me dejas andar!». Cuando conseguía llegar a la cocina para sacar de la bolsa dos puñados de cereales con algo de jamón de York se tranquilizaba momentáneamente, contemplando la operación sentada junto a la puerta. Si para hacerla rabiar un poco tardaba más de la cuenta, soltaba un solo ladrido de advertencia.

En cuanto iniciaba, con el plato lleno en la mano, el camino de regreso a la terraza donde comía, recomenzaba el festival de saltos y vueltas a mi alrededor. Pero en cuanto yo depositaba el plato en el suelo se transformaba en otro animal: dejaba de saltar, casi pausadamente ponía el hocico en el plato para constatar que no me había olvidado el trozo de jamón entre tanto pienso; dejaba de mover la cola y, sorprendentemente, al margen de si terminaba o no su comida, había perdido la emoción que la invadía unos instantes antes. ¿Cómo era posible que le emocionara más la inminencia de la comida que la propia comida? El poco –o nulo– tiempo que dedicaba a degustar lo que tanto había ansiado acrecentaba mi inquietud. «Será por la pobreza de sus células gustativas, en comparación con las olfativas», me decía para explicarme el misterio.

Años después aprendí que en el hipotálamo de su cerebro y en el de los humanos está lo que los científicos llaman el circuito de la búsqueda. Este circuito, que alerta los resortes de placer y de felicidad, sólo se enciende durante la búsqueda del alimento y no –al contrario de lo que cabría esperar– durante el propio acto de comer. En la búsqueda, en la expectativa, radica la mayor parte de la felicidad. Las imperfecciones del sistema de pronóstico afectivo a las que se refiere el profesor Daniel Gilbert, de la Universidad de Harvard, y los desfases entre la utopía y la realidad a los que se refiere el neurólogo Semir Zeki ya se encargan, posteriormente, de apagar el éxtasis del circuito de la búsqueda.

Se ha estimado, gracias a estudios recientes del ADN de los perros, que estos animales han convivido con los humanos desde hace unos cien mil años. Se trata de un período suficientemente prolongado, incluso desde la perspectiva del tiempo geológico, para que el homínido –provisto de un hipotálamo casi idéntico al de su mejor amigo– hubiera podido extraer conclusiones útiles para su propia vida emocional, en lugar de seguir preguntándose, como ocurre ahora mismo, por qué la expectativa de un encuentro sexual o de un nuevo trabajo muy deseado supera con creces la felicidad del propio acontecimiento. En todo caso, no parece arriesgado sugerir que las personas condicionadas por el refrán popular de «aquí te pillo y aquí te mato» pierden gran parte de la felicidad, que mora en el circuito de la búsqueda. En suma, la felicidad está escondida en la sala de espera de la felicidad.

PISTA NÚMERO 2
El conocimiento se adquiere observando a los demás

Durante años el proceso de aprendizaje impuesto a los animales en los laboratorios se basaba en activar el sistema de estímulo-respuesta.

Cada vez que el animal reaccionaba ante un estímulo como se esperaba, recibía una recompensa y en caso contrario un castigo. Si la rata presionaba una palanca situada en su cubículo se abría la compuerta de la comida. En caso contrario, pasaba hambre o, peor todavía, recibía una descarga eléctrica. Se trata de sistemas de aprendizaje por prueba y error. Es evidente que ésta no podía ser la única manera de aprender en la vida en estado salvaje. Si las ratas sólo hubieran aprendido a identificar al gato y a desconfiar de él probando qué sucedía si no huían al toparse con él, muy pocas ratas podrían aplicar lo aprendido, y sólo podrían contarlo las afortunadas que tuviesen la oportunidad de ver qué les pasaba a sus malhadadas compañeras.

En otras palabras, existe otro sistema de aprendizaje observacional que requiere un gran esfuerzo, pero conlleva menos riesgo que aprender de los errores letales. De niño, me gustaba bajar al río a atrapar peces con las manos –no era pescar, desde luego–, sacándolos de debajo de las rocas, donde se refugiaban cuando una pandilla de malintencionados se adentraba en el agua. Las rocas no eran un santuario para los peces, pero sí constituían el lugar menos inseguro de un río estrecho, de poco caudal y calado, que formaba balsas sucesivas de agua estancada, como el *riu gran* de Vilella Baixa, la montañosa y árida comarca catalana del Priorato. Con toda seguridad, aquellos peces habían observado que sus progenitores salvaron la vida repetidas veces escondiéndose debajo de una roca, en lugar de intentar escabullirse entre los pies desnudos de los invasores, o terminar en la parrilla probando qué pasaba si eran atrapados por aquellos salvajes que chapoteaban en el río. En algunas ocasiones, reaccionaban movidos por el miedo producido por la irrupción de tantos jóvenes en el río; en otras, porque habían aprendido, observando a otros peces, que la mejor manera de ponerse a salvo consistía en resguardarse debajo de una roca. Pues bien, casi sesenta años después, Irene Pepperberg, una investigadora estadounidense, aplicó el método observacional de aprendizaje a *Alex*, el loro gris africano más famoso del mundo por ser capaz de definir, generalizando, conceptos tan abstractos como el color de las cosas o su forma geométrica.

Alex logró manejar categorías abstractas percatándose de que el color gris podía ser tanto su color como el de un lápiz, algo totalmente increíble en un pájaro –por lo menos hasta ese momento–. El método

Se aprende observando a los demás. El loro gris africano de la doctora Pepperberg ha aprendido a distinguir colores y formas geométricas mediante la observación.

de Irene Pepperberg ha sido revolucionario: en lugar de preguntarle directamente al loro por el color de un objeto seductor y recompensarlo entregándoselo si acertaba, decidió formular las preguntas a su ayudante en presencia de *Alex*. En lugar de fiarse sólo de la relación maestro-alumno, *Alex* aprendió, literalmente, observando cómo aprendía su contrincante en aquel trío singular; asimiló el concepto del color gris observando a un tercero que hacía lo mismo. De manera que *Alex* aprendió de lo que le enseñaban otros, de lo que observaba en terceros sin que se lo indicara nadie, y, por último, dando el salto metafórico para participar en un tipo de pensamiento complejo con el que le ha premiado la selección natural. El nuevo método lo era sólo en el sentido de que no se había utilizado nunca en el aprendizaje de los pájaros aunque, obviamente, hacía años que se empleaba con éxito en las escuelas de gestión empresarial con el análisis de casos concretos que incluían a un tercero –la empresa estudiada– en el proceso de aprendizaje. Un buen día, mirándose al espejo, *Alex* le soltó una pregunta inesperada a su protectora:

Alex: ¿De qué color?
Irene: *Tú eres un loro gris de África,* Alex.

Bastaron seis repeticiones de aquel simulacro de conversación para que *Alex* fuera capaz de abstraer el color gris y aplicarlo a otros objetos grises. Y, por si fuera poco, hoy *Alex* puede distinguir un cuadrado –«cuatro esquinas», dice– de un triángulo –«tres esquinas», afirma ante la asombrada comunidad científica–. Pero aún se ignora por qué a las personas les cuesta más que a los animales aprender de la experiencia ajena. Mis amigos del mundo de la publicidad han comprobado en repetidas ocasiones que, a la hora de irse de vacaciones a Puerto Rico o a Tailandia, la gente prefiere los folletos de viaje en lugar de recabar la opinión de los que ya han estado allí. Y sin embargo la anécdota de *Alex* pone de manifiesto que la felicidad siempre exige la presencia no de dos –no basta una pareja–, sino de tres, de otro más con quien compartir. Es imprescindible un tercero con quien aprender o competir.

PISTA NÚMERO 3
Lo peor que se le puede hacer a un animal y a los humanos es aterrorizarlos

Temple Grandin, profesora de la Colorado State University y especialista en diseño de instalaciones para el ganado, es la científica que mejor ha entendido la forma de pensar de los animales. Su mayor activo en esta tarea fue conjuntar el método científico con su condición de autista. Varios investigadores han intuido –la propia Temple Grandin la primera– que los mecanismos emocionales de los autistas están a medio camino entre los de los animales y los de las personas que llamamos normales. Volveré luego a esta cuestión al analizar no las similitudes, sino las diferencias entre los procesos de aprendizaje de los humanos y el resto de los animales.

En el capítulo 4, al tratar el miedo y la repugnancia como emociones básicas, se analizará la razón principal de su carácter prioritario y arrollador: del miedo depende la posibilidad de salvar la vida frente a la amenaza de un depredador. En el empeño de salvar la vida, incluso el insecto más insignificante derrocha esfuerzos inconmensurables; todos, si es necesario. ¿Quién no se ha conmovido al contemplar los estertores de una abeja malherida intentando, en vano, recuperar su verticalidad mediante un derroche de esfuerzos que mantiene hasta el mismo umbral de la parálisis que conlleva la muerte? El miedo es el motor de este esfuerzo condenado a la nada. En ocasiones anteriores, el miedo le había salvado la vida precipitando su huida, en lugar de buscar el enfrentamiento desigual con el enemigo. A los humanos, como al resto de los animales, el miedo nos convulsiona: el miedo cerval a volar fruto de un error cognitivo causado por las estadísticas sobre accidentes de tráfico; el miedo de *Pastora* a la hora de pisar el suelo brillante del parqué de mi nuevo despacho, fruto de otro error cognitivo que le induce a confundir un reflejo brillante con una discontinuidad abismal; el miedo paralizador provocado por la agresión de un psicópata a una joven en el ascensor al regresar a su casa; el miedo a una alarma de bomba en un local cerrado que lleva a la mayoría a huir despavorida buscando, inútilmente, la salida o taponándola con sus cuerpos en su afán por ponerse a salvo.

El problema del miedo necesario para sobrevivir radica en que ni nosotros ni el resto de los animales, con algunas excepciones que se verán a continuación, calibramos con precisión la respuesta emocional que correspondería, lógicamente, al grado de amenaza. La reacción de un perro que muere de paro cardíaco en su apartamento, mientras sus dueños deambulan por las calles abarrotadas la noche de la verbena de San Juan en Cataluña, es claramente desorbitada, frente a la explosión de un petardo o los silbidos lacerantes de los cohetes.

Las ratas tienen dos sistemas olfativos: uno les permite oler la presencia cercana de un gato, y el otro barruntarlo a distancia. El sistema olfativo conectado directamente a la emoción del miedo es equivalente a un *zoom* fotográfico. La rata es consciente de que a cierta distancia merodean otros gatos, pero no le producen miedo por la sencilla razón de que la vida sería insoportable bajo el trauma emocional provocado por todos los gatos, tanto por los que representan una amenaza real por su proximidad, como la mitigada de los que están lejos. Las personas hipocondríacas sufren un desarreglo que las ratas evitan con su doble sistema olfativo: el sistema perceptor único de los humanos es de tal naturaleza que cualquier estímulo, sea real o imaginado, cercano o lejano, está conectado con la emoción del miedo. Es un vivir sin vivir, como dijo la poetisa mística.

No sólo las ratas nos ganan con su doble sistema olfativo, también los gatos con relación a los perros, por razones que no tienen nada que ver, esta vez, con el sistema olfativo. Me viene a la memoria el recuerdo de *Jack*, un doberman nada agresivo con las personas, pero que había asumido la función de velar por la seguridad de «su» familia frente a las potenciales incursiones de los gatos del pueblo en la masía. *Jack* se podía pasar toda la tarde sin moverse, en el patio, mirando fijamente a un gato desafiante en lo alto del muro que rodea la casa: no comía, no bebía, no respondía a las llamadas. A su vez, el gato, tras haber manifestado su presencia, se acurrucaba en las alturas y, muy a menudo, se entregaba al sueño durante horas, consciente o inconsciente de que *Jack* estaba abajo esperando cualquier movimiento en falso. Una vez alertado, el gato se olvidaba del perro.

Si todos fuéramos capaces de calibrar el grado de peligro que comporta una amenaza, el recurso al miedo permitiría que tras la explosión de una bomba en un estadio de fútbol la multitud encontrara de forma ordenada y natural la salida. La teoría de las soluciones de un sistema complejo no puede aflorar si el mismo hecho les produce a unos la parálisis agonizante que dimana del pánico, a otros la necesidad perentoria de buscar desesperadamente una salida, sin parar mientes en la reacción de la muchedumbre, y a otros, en fin, la mezcla de calma y alerta que, de haberse contagiado a los demás, habría solucionado el conflicto sin graves contratiempos.

Los animales nos enseñan no sólo que el miedo es la emoción básica, sino que está en contradicción con el dolor. Es muy probable que la sofisticación alcanzada por el desarrollo de los lóbulos frontales del cerebro de la especie humana en materia de interconectividad nos haga más sensibles al dolor –no tanto al sufrimiento– que el resto de los animales. En cambio, el mismo factor nos ha dado, a los humanos, una capacidad ligeramente mayor para controlar el miedo. El precio que pagarían los animales por cierta insensibilidad al dolor sería el efecto demoledor, casi ilimitado, del miedo. Se ha comprobado que el miedo afecta a los animales incluso en su ritmo de crecimiento.

Sería erróneo extraer la conclusión equivocada de que, como se ha dicho a menudo, los animales no sienten dolor. Todas las pruebas apuntan, con los matices señalados, en la dirección contraria. Incluso se ha demostrado recientemente que la resonancia magnética de la activación neuronal de los peces, si se les aplica con anestesia elevadas dosis de calor y de presión mecánica en el costado, muestra un diseño muy parecido al de un cerebro humano cuando experimenta dolor.

Esta tercera pista es crucial, es quizá la más importante de todas. En realidad, la he escondido en medio del capítulo para que el lector tenga que buscarla y leer las demás pistas. Pero con la mano en el corazón, debo confesar que lo único verdaderamente importante es que la felicidad es la ausencia de miedo, de la misma manera que la belleza –como se explica más adelante– es la ausencia de mutaciones lesivas que delaten la mala salud de la persona. El estado de alerta no debe llegar hasta la frontera del terror.

PISTA NÚMERO 4
Todos los reptiles y mamíferos compartimos la resistencia al cambio y a la novedad

Sin cierta curiosidad, los reptiles y los mamíferos no sobreviviríamos. Nadie encontraría alimentos, ni pareja, ni cobijo. Pero todas las demás pruebas parecen indicar que la novedad no es bienvenida. El terror del cerebro a adaptarse a nuevas reglas del juego, el pánico a perder el control de la situación, la inercia de las costumbres y los intereses establecidos, el peso de la tradición y la historia se alían para poner obstáculos a la innovación y al cambio. El dirigente comunista francés Maurice Thorez solía decir que «hay que colocarse por delante de las masas, pero no demasiado adelantado para no encontrarse solo y gesticulando». ¿Qué visionario no se ha encontrado gesticulando solo? Muchos, lamentablemente, han sufrido la hoguera que preparaba, invariablemente, el superorganismo al que pertenecían.

Los avances tecnológicos de los humanos, lo que yo llamo la evolución de la Tecnosfera –es decir, las aplicaciones cotidianas del conocimiento científico–, son responsables de que las hormigas, en comparación con la civilización moderna, se hayan quedado atrás manteniendo la misma tesitura organizativa y biológica que ya tenían hace sesenta millones de años. La progresiva consolidación de la Tecnosfera ha permitido a los humanos transformar su modo de vida, pero no su sistema emocional. La revolución tecnológica no debería encubrir la morosidad mental de todas las especies, incluida la nuestra. El cambio mental atenta contra las convicciones emotivas asentadas a lo largo de miles y a veces millones de años.

El llamado prejuicio de la causalidad es una de estas convicciones. Los humanos y el resto de los animales tienden a creer que cuando una cosa ocurre después de otra, no es producto de un accidente, sino que existe una relación de causalidad entre los dos acontecimientos. En España se vivió un ejemplo de este prejuicio a raíz de las elecciones de 2004 que desembocaron en la caída del gobierno conservador. Los sociólogos y politólogos han sugerido repetidas veces que el terrorismo islamista se mueve por razones que el matemático norteamericano Nassim Taleb llama *black swan*, cisne negro. Los cisnes son blancos, y hasta que no aparezca uno negro no se podrá demostrar que también existen los cisnes negros. Y en caso de que se repitiera su aparición, dejarían de ser una excepción. Pero mientras lo sean, no se pueden tomar decisiones en función de una rareza. La imprevisibilidad ontológica caracteriza a los fenómenos del tipo del cisne negro.

Resulta, pues, arriesgado incriminar al gobierno bajo cuyo mandato ocurrió el atentado del 11 de marzo de 2004 en Madrid, como hicieron muchos al cuestionar al ejecutivo más allá de su política informativa. Es perfectamente razonable criticar las múltiples deficiencias del sistema de seguridad nacional imperante hasta entonces, o las decisiones tomadas en la política exterior, pero no tiene sentido atribuirles la responsabilidad del atentado. Es más, el caso límite de la teoría del cisne negro es cuando se produce un atentado a pesar de la existencia de un sistema protector teóricamente perfecto. En Estados Unidos nadie culpó al gobierno del ataque contra las Torres Gemelas de Nueva York, sino que ocurrió lo contrario: en su empeño desesperado por evitar otro *black swan* se criticó al gobierno de Bush desde distintos sectores por exagerar las medidas preventivas, que rozando la violación de los derechos individuales hicieron caso omiso del principio de Taleb.

Ocurrió algo muy parecido con los atentados terroristas del 7 de julio de 2005 en Londres, que viví de cerca ya que me encontraba en la ciudad buscando documentación y asesoramiento para completar, paradójicamente, *El viaje a la felicidad*. A diferencia de lo que ocurrió en España, donde, con toda probabilidad, el recuerdo de la guerra civil concluida hace casi setenta años siguió condicionando la división descarnada de pareceres –¡para que algunos se resistan todavía a comulgar con la increíble morosidad del cambio mental puesta de manifiesto por paleontólogos como Yves Coppens!–, en Gran Bretaña el gobierno y la oposición se dieron la mano desde el primer momento, incluso antes de que hubieran tomado cuerpo las políticas informativas del gobierno, igualmente interesadas y sin pruebas, por lo menos al principio. En Gran Bretaña, las primeras críticas denunciaron, como en Estados Unidos, la contundencia de la reacción y un error policial grave que levantó sospechas de amenazas potenciales a las libertades individuales. En España con la opinión dividida, y en Estados Unidos y el Reino Unido al unísono, se demostraba la resistencia a aceptar la irrupción –como remacharía, lamentablemente, el atentado de Sharm el Sheik, en Egipto, quince días después– de un hecho totalmente nuevo en la política internacional: el acceso del terrorismo a las tecnologías de destrucción a nivel planetario, o la progresiva sustitución de un enfrentamiento religioso entre Occidente y el islam por otro de intereses económicos, en el seno del propio islam, entre moderados y fundamentalistas. La percepción de estas nuevas realidades exigía renunciar a los viejos esquemas conceptuales y profundizar en lo desconocido, que produce rechazo en todos los animales, incluidos los homínidos. Como decía Habib Bourguiba, el que fuera presidente de Túnez, es preciso distinguir entre lo esencial y lo importante. El debate al que se ha sumado la opinión pública española es muy importante, pero no esencial.

El rechazo a aceptar que algo ha cambiado de modo contundente, que ya no bastan las convicciones queridas y heredadas –como el rechazo a la guerra y la repulsa ante la violación de la legalidad internacional– para definir una situación, se explica a veces por los rasgos que compartimos con el resto de los animales y otras –como ocurre con el llamado principio de la desatención ciega que analizaremos después– por algo que nos diferencia netamente. Pero antes de adentrarnos en el principio de la desatención ciega, vale la pena aludir, aunque sea someramente, a la última característica emocional vinculada a la felicidad que nos une al resto de los animales: el poder del rito y la liturgia.

En su libro *Animals in translation. Using the mysteries of autism to decode animal behavior*, Temple Grandin cuenta una anécdota aterradora fruto de los excesos de la industrialización de la producción avícola en Estados Unidos. En su condición de consultora, Temple fue requerida en varias granjas donde los gallos, inexplicablemente, descuartizaban a las gallinas en el transcurso del apareamiento. Le costó muy pocos días descubrir la clave del hecho. La manipulación genética orientada a la producción de gallos cada vez más grandes y musculosos había provocado, en algunos de ellos, una mutación que les inhibía de efectuar la danza ritual previa al acto sexual para seducir a la gallina. Ahora bien, la genética propia de la gallina le impone no adoptar la postura de entrega y sumisión al seductor sin el aviso previo de su danza ritual. El trágico resultado del desencuentro consistía en convertir a la sumisa gallina en una rebelde que prefería la muerte a claudicar, y al bello galán en un asesino. En otros animales como los humanos, la inhibición del rito no siempre es el resultado de una mutación genética, sino ideológica o, simplemente, de prácticas o costumbres que se alteran abruptamente pero, tanto en un caso como en otro, aleja de la felicidad y causa la desdicha.

Lo que nos distingue

Ha llegado el momento de extraer conclusiones no tanto de las similitudes de los sistemas emocionales de todos los mamíferos, sino de las sorprendentes e inexplicables diferencias. Empecemos por la más importante: la desatención ciega.

En una ocasión, en la época de la Unión Soviética, un grupo de científicos rusos visitó el laboratorio del biólogo evolucionista John T. Bonner en Estados Unidos. Como era de esperar, el catedrático de Princeton explicó a los soviéticos, tiza en mano, la vida y milagros del moho mucilaginoso, la gran obsesión de su vida, con la que iniciamos este capítulo. A pesar de la bonhomía y la amabilidad que le caracterizan, Bonner no conseguía despertar el interés de los biólogos extranjeros hasta que aludió, de pasada, a que «incluso a los organismos unicelulares les gusta formar colectivos». De repente, los soviéticos se

Como dice Ramón Margalef, «un solo árbol es como toda una civilización», en él conviven materia viva y muerta...

mostraron encantados y prestaron atención: los mohos mucilaginosos justificaban a la perfección el marxismo. Para ellos sólo existían las teorías de Marx, nada más. Es el principio de la desatención ciega que caracteriza a los humanos, a diferencia del resto de los animales.

No se trata, únicamente, del rasgo de obcecación vinculado al dogmatismo ideológico. Estamos hablando de algo mucho más profundo que entronca con la fisiología: nuestro sistema de percepción visual, al contrario del del resto de los animales, sólo se activa con lo que está acostumbrado a ver. En otras palabras, vemos lo que esperamos ver. Daniel Simon, director del Laboratorio de Visión Cognitiva de la Universidad de Illinois, realizó un experimento que ha dado la vuelta al mundo despertando un mar de incredulidad. Es el experimento del gorila. Simon convocó a un grupo de estudiantes para que visionaran una grabación de un partido de baloncesto y les pidió que contaran el número de pases de balón realizados por uno de los equipos. Mientras los estudiantes anotaban escrupulosamente el número de pases en una libreta, una mujer disfrazada de gorila aparecía, de pronto, en medio de la pantalla y del partido, se golpeaba el pecho con los puños tres veces y desaparecía por un lateral. Cuando al final de la sesión se preguntó a la audiencia si habían notado algo raro durante el encuentro, sólo la mitad declaró haber visto un gorila.

La mayoría de personas, a diferencia de los autistas y de los animales no humanos, no ven los detalles; sólo les importa el conjunto, el esquema o la idea que se tiene de las cosas. Nosotros sólo vemos el bosque en detrimento del árbol y, además, lo consideramos un mérito. ¿Cuántas veces hemos oído el reproche de «sólo se fija en el árbol y no ve el bosque» o «cuando se señala con el dedo la luna, el tonto se fija en el dedo y no ve la luna»? Se trata de un comportamiento que puede resultar muy productivo para determinados fines, pero que es nefasto en el viaje a la felicidad.

Quisiera exponer un ejemplo personal menos circense y más inquietante. A finales de los años cincuenta, en plena dictadura, me condenaron al exilio y a un buque de tercera clase por el acto nada heroico de difundir octavillas convocando a los estudiantes a un homenaje al científico republicano Duperier. Debo confesar que hasta hace poco todavía desconocía quién era, realmente, Duperier y, por supuesto, sigo sin saber qué es un buque de tercera clase. Recientemente he sabido que Arturo Duperier, hijo insigne de Pedro Bernardo, en la provincia de Ávila, fue un gran científico especializado en rayos cósmicos. Reconocido por otros científicos e instituciones, era presidente de la Real Sociedad de Física Española cuando estalló la guerra civil. En Madrid hay una calle que lleva su nombre. Murió en el exilio en 1959, año en el que aparecieron diversos artículos sobre su actividad investigadora, incluso en la revista *Nature*. Las octavillas que convocaban un homenaje estudiantil clandestino se distribuyeron, pues, a raíz de su muerte. Sirvan aquellas octavillas y los años de exilio de descargo ante sus familiares y herederos por mi enorme ignorancia. Mis amigos neurólogos la explicarían, fácilmente, por la incapacidad del cerebro de atender a dos cosas al mismo tiempo: el derecho y la política –y no la ciencia– absorbían a fines de los cincuenta toda la atención del mío.

Durante esos casi veinte años de exilio contemplé, resignado, desde la óptica geográfica de mis países de adopción –Suiza, Francia, Inglaterra y Estados Unidos–, la permanencia de mi viejo país en la órbita más bien estrafalaria, desde mi nuevo meridiano, de los países árabes y latinoamericanos. Tras la dictadura se produjo la transición política, se formaron los primeros gobiernos democráticos, los gobiernos de la UCD, del PSOE, del PP y de nuevo del PSOE... España nunca levantó el ancla de su política exterior de las áreas geográficas que no se habían singularizado por su desarrollo, por la pureza de sus sistemas democráticos o por la ausencia de corrupción. En Londres o Nueva York, camino del trabajo o al conciliar el sueño, me solía acordar de esa paradoja. ¿Llegaría el día en que España también tendría como principales aliados a los países más desarrollados, más democráticos y a los gobiernos menos corruptos del mundo? Y ahora viene el espectáculo.

De repente, sin que nadie se lo esperara, casi por primera vez en la historia de la evolución, un jefe de gobierno nada simpático tuvo la genial idea de colocar a España al lado de Inglaterra y Estados Unidos, los dos países más poderosos y democráticos del mundo. ¿Conoce el lector la fotografía más detestada y vilipendiada por la inmensa mayoría de españoles? La imagen de Bush, Blair y Aznar en las islas Azores simbolizaba un cambio de rumbo radical de la política exterior española. Duró un segundo. Cualquier estudioso de la evolución, sin embargo, no tendrá más remedio que admitir que, en términos adaptativos, era lo que más le convenía a España. Los criterios de la selección natural que condiciona el desarrollo de todas las especies apuntan en este sentido y no en la dirección contraria. El principio de la desatención ciega de los homínidos conlleva no ver el gorila en medio del partido; el bosque les impide fijarse en el árbol solitario, de la misma manera que a la inmensa mayoría de españoles, absortos en su idea del bosque, del esquema, del proyecto de Aznar que rechazaban, se les escapó la trascendencia del árbol solitario en su nueva política exterior. En el viaje a la felicidad resulta imprescindible diferenciar los detalles del conjunto y visualizarlos; recuperar la capacidad de los animales de ver también lo que no están acostumbrados a ver.

El psicólogo Daniel Gilbert, de la Universidad de Harvard, observa el mismo fenómeno en el contexto de la vida de la pareja. Ante una gran hecatombe psicológica como una infidelidad, que sacude los cimientos de la vida de la pareja y su proyecto de futuro, se activa una especie de sistema inmunitario psicológico de defensa, susceptible de hacer reaccionar a la pareja. Ante la amenaza de una destrucción previsible del proyecto en común, se produce una reacción de autodefensa. Exactamente lo opuesto de lo que ocurre con las molestias cotidianas generadas por pequeños descuidos, por la falta de atención a detalles que pueden incordiar al compañero o compañera, que son nimios pero que se repiten con frecuencia. Se trata de agravios tan banales que no activan ningún sistema psicológico de autodefensa. Pues bien, la mayoría de parejas que se desmoronan es por esta falta de atención en los detalles de la vida cotidiana, cuyo impacto es tan mínimo que casi pasan desapercibidos, pero que se acumulan a lo largo del tiempo hasta socavar el entramado sentimental que sustenta a la pareja.

Según los especialistas en el funcionamiento de sistemas complejos o caóticos, se trata de otra diferencia que nos distingue del resto de los animales –absortos en el detalle visual e inmediato– y que, esta vez, debería jugar a nuestro favor. Tenemos la capacidad de descubrir el funcionamiento de los sistemas complejos pero no la utilizamos. Las interrelaciones entre los puntos más próximos en un mapa de situación limitan el ámbito de conocimiento y de influencia del hecho, la persona o el problema situado en el centro del gráfico. Si se estudia el genoma, la interactividad con los otros puntos que representan a los físicos, químicos, biólogos e informáticos parece evidente. En este caso concreto, el mapa de conexiones se dibujaría conectando los cinco puntos: el punto en cuestión, representado por el problema a resolver, y los otros cuatro interactivos con el primero. A un observador imparcial se le podría ocurrir la idea, muy razonable, de que para estudiar el genoma no debe olvidarse el papel que desempeñan las mutaciones y que, por lo tanto, sería útil ampliar el mapa con otro punto que representara a un genetista para que todos pudieran interaccionar entre ellos. Si ese genetista fuera Armand Leroi –al que citaremos en el capítulo 3 en el contexto de las relaciones entre las mutaciones y la belleza–, seguro que sugeriría la inclusión de un artista como punto adicional con el que ampliar el mapa; y si pasara por allí el premio Nobel de Fisiología o Medicina Sydney Brenner, exigiría, muy probablemente, que se ampliara todavía más el mapa de interconexiones con alguien que no supiera nada de genomas ni de belleza porque, para él, la ignorancia constituye un activo necesario en el caso de los que sólo analizan un problema desde su propia óptica.

La solución, de acuerdo con la teoría del funcionamiento de los sistemas complejos, requiere trascender las apariencias y eso es, justamente, lo que no acostumbran a hacer los humanos. Si en lugar del genoma se considera el viaje a la felicidad, su consecución también exigiría ampliar el mapa de interconexiones con puntos aparentemente irrelevantes o nada corrientes. Cualquier búsqueda de la felicidad que dependa exclusivamente de las consabidas interacciones con el dinero, el trabajo, la etnia o la salud está condenada a fracasar estrepitosamente. La felicidad depende de la interacción con puntos que no están en el mapa inicial.

Por último, cuando Sapolsky se vanagloriaba de poder diagnosticar *on line* el estado anímico de un desconocido a partir de sus constantes hormonales, hacía una excepción: el amor y el odio son tan afines, que en el caso de dos amantes no podría dictaminar si estaban haciendo el amor o acuchillándose. A diferencia del resto de animales, los humanos tenemos emociones mezcladas. Podemos odiar y amar al mismo tiempo. Por eso nosotros no podemos hacer gala de la lealtad de un perro. Un perro es leal, básicamente, porque es incapaz de mezclar emociones distintas. En la lealtad a su dueño no hay ni rastro de odio.

¿Qué ocurre con la relación con un superorganismo, sea la familia, la ciudad, la nación o el planeta que nos da cobijo? Esta cuestión preocupó durante años a científicos como Edward O. Wilson, el inventor de la sociobiología, que siempre había creído que los humanos constituíamos un superorganismo, como las abejas un enjambre o las hormigas un hormiguero. A medida que transcurrían los años de investigación –Wilson es el primer experto mundial en hormigas–, nuestras diferencias con la vida colectiva de las hormigas, las abejas o las termitas le parecían innegables. Los humanos daban muestras indiscutibles de emociones mezcladas ante el superorganismo. La fuerza de la experimentación y la prueba llevaron a Wilson, como buen científico, a claudicar y acabar admitiendo que, pese a colaborar con el superorganismo, nunca renunciábamos del todo a nuestra esfera de intereses individuales. El ser humano es mucho más ambivalente y equívoco que el resto de animales. Estudios muy recientes, no obstante, tienden a señalar que los superorganismos tampoco son el dechado de sumisión y coherencia que se imaginaba.

En el viaje a la felicidad, muchos turistas se pierden o se quedan estancados a medio camino al creer que las personas con las que interaccionan son idénticas a las hormigas, las abejas o las termitas. O, por lo menos, a lo que creíamos del comportamiento de los superorganismos hasta hace muy poco tiempo. No adaptan su vida sentimental a la mezcla de emociones y ambivalencia que caracteriza al ser humano, y cometen errores irreparables al juzgar a los demás y a sí mismos. El sentir popular refleja lo dicho al achacar a otros que, ante una cosa o una persona, la vean como «blanco» o «negro», sin matices. Y se da un ejemplo patético de desinformación y desconocimiento de nuestra propia biología cada vez que se aprovecha un púlpito, una cátedra, un foro o un parlamento para aseverar sin matices.

CAPÍTULO 3

La felicidad es una emoción transitoria

La ubicación de la felicidad en el cerebro primordial

El científico Isaac Newton se preguntaba algo que sigue sin respuesta trescientos años después. «Querría descubrir los mecanismos –se interrogaba Newton, que aparentaba saberlo todo– mediante los cuales una percepción visual del Universo se transforma en la gloria de los colores.»

Colores que –mal que pese a los pintores– no están en el Universo, sentimientos que manan de esa percepción visual. La conciencia es como un hilo incesante de repeticiones de lo anterior, a lo largo de toda una vida, modelada por emociones que cabalgan de inmediato sobre aquella percepción. En la actualidad ya conocemos, con una precisión envidiable, el recorrido que sigue la trama codificada desde que un fotón impacta en la retina hasta su llegada a unas neuronas determinadas del cerebro –que también conocemos–. Pero todavía desconocemos la mayor parte de lo que ocurre después. Las técnicas más modernas de resonancia magnética funcional por imágenes permiten identificar las zonas cerebrales activadas por una percepción, un sentimiento o una emoción. El oxígeno adicional que requiere el impacto neuronal reclama un flujo sanguíneo mayor que las imágenes de resonancia magnética identifican con relativa facilidad. Ahora bien, la velocidad casi inconmensurable a la que el cerebro opera impide rastrear el mecanismo creador; de forma parecida a las imágenes obtenidas por las primeras cámaras fotográficas, cuando el prolongado tiempo de exposición no era obstáculo para fotografiar una pared evidentemente inmóvil, pero sí impedía captar la imagen de un ciclista que pasara por delante de la cámara.

Procedamos de forma inversa a la del catedrático que inicia su discurso recitando la definición de su asignatura. Lejos de partir de una definición académica y contrastada de una emoción en concreto, la fe-

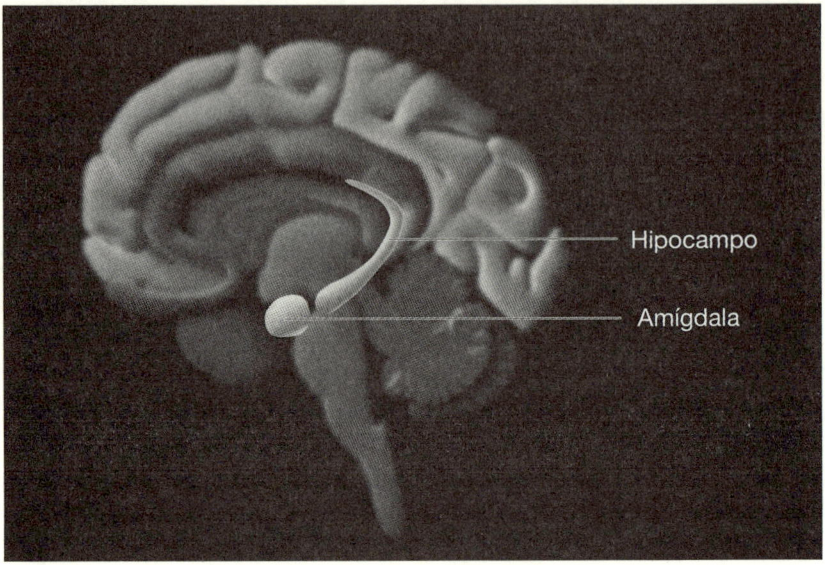

Desde la amígdala y el hipocampo se gestionan las emociones.

licidad, nos iremos acercando al objeto de nuestro deseo por vericuetos entretenidos, casi siempre sorprendentes, pero tan ilustrativos que al final del rodeo nadie echará de menos una definición. La habremos intuido, como corresponde a las emociones y, muy en particular, a la inteligencia emocional. Aprovechemos lo que ya sabemos. La sede oficial de las emociones está en el barrio primitivo del cerebro. Se llama el cerebro reptiliano porque ya estaba bien configurado en los precursores de los primeros mamíferos: es un conjunto de estructuras nerviosas conocido como sistema límbico, que incluye el hipocampo, la circunvalación del cuerpo calloso, el tálamo anterior y una zona en forma de almendra llamada amígdala.

La amígdala también desempeña otras funciones pero, sin lugar a dudas, es el principal intermediario de las emociones. Cada vez que alguien reacciona ante una expresión facial hostil, la amígdala está instrumentando las primeras voces de alarma. Lesionar la amígdala es la manera más segura de conseguir que una persona se quede sin capacidad emocional –es tan malo no saber controlar las propias emociones como no tener ninguna–. Spock, el personaje extraterrestre de orejas puntiagudas de la serie *Star Trek,* era mucho más inteligente que los

El vulcaniano Spock, personaje de *Star Trek*, representa la racionalidad sin pasiones. ¿Una inteligencia superior a la humana? Es tan malo no saber controlar las emociones como carecer de ellas.

humanos, pero carecía de emociones. En un momento dado de su pasado, los vulcanianos, la etnia a la que pertenecía Spock, habían prescindido de los primitivos vestigios de sus orígenes animales y, liberados para siempre de las pasiones, habían alcanzado un grado muy superior de racionalidad.

Al suponer que una criatura carente de emociones nos superaría en inteligencia, los creadores de la serie *Star Trek* estaban perpetuando un antiguo motivo de la cultura occidental. Pero la ciencia sugiere hoy que un organismo inteligente sin emociones estaría, sencillamente, incapacitado para evolucionar y no sería más, sino menos inteligente que nosotros. Si en el curso de la evolución las ventajas de poseer emociones no hubieran superado las desventajas de no contar con ellas, los seres emocionales nunca habrían evolucionado. Si hoy seguimos teniendo emociones es porque en el pasado debieron de ayudar a nuestros antepasados a sobrevivir y a perpetuarse.

Es cierto que la amígdala desempeña otras funciones además de gestionar las emociones, y que no actúa en solitario. Las conexiones con el córtex prefrontal –la parte ulterior y actualizada del cerebro evolutivo– son intensas; otra cosa es que sus lenguajes sean compatibles o que predomine, necesariamente, la parte más moderna del cerebro en los mecanismos decisorios. No es tan simple. ¿Es preferible fiarse de la cabeza más que del corazón? En términos menos populares, la neurociencia ha descubierto que existen dos canales de decisión: uno lento y preciso, y otro rápido y turbio. La manera lenta pero precisa se basa esencialmente en la lógica, y la forma rápida y turbia en las emociones. Son dos mecanismos del cerebro complementarios para tomar decisiones pero no antagónicos. Cuando es vital llegar a la respuesta correcta y se dispone de tiempo e información, se suele recurrir al método pausado y limpio de razonar las cosas. Aunque, como se verá luego, el sistema emocional no se ausenta antes de que termine el proceso, ni mucho menos. En cambio, cuando el tiempo y la información son escasos y es perentoria la necesidad de tomar una decisión, se anticipan los sentimientos. La inusitada diferencia de este último caso con el anterior es la ausencia del mecanismo consciente.

Cómo interpretamos los recuerdos

Cuando no hay tiempo ni información disponible, ¿en qué se basa la amígdala para tomar una decisión? La memoria desempeña un papel determinante. Pero ¡ojo!, cuando se rescata un recuerdo casi siempre es el fruto de una elucubración a partir de un dato real o inventado; rara vez es la transcripción de un hecho real conservado intacto. Algunos recuerdos son tan frescos y vívidos al rescatarlos que se puede tener la impresión de que se está reviviendo el acontecimiento tal y como sucedió. Se trata de una ilusión causada por la capacidad regeneradora de las células y reconstructora de la imaginación creativa. El descubrimiento, no menos importante que el de un agujero negro en el centro de nuestra galaxia, revela que la memoria se mantiene, a pesar de los cambios estructurales que se producen en las relaciones sinápticas o en las neuronas. Ningún ordenador podría mantener en orden sus archivos y carpetas sometido al vendaval de cambios continuos en su estructura interna: se estropearía. Durante el tiempo que el lector ha tardado en leer los dos capítulos anteriores –algo menos de lo que tardó el autor en escribirlos–, cada molécula de su cuerpo habrá recorrido muchos cientos de miles, muchos millones de kilómetros, y no sólo las sinapsis o las neuronas, algunas moléculas se habrán roto y resintetizado cientos de veces en un segundo, y sin embargo seguimos siendo la misma persona.

De forma que la conservación de la memoria no sólo depende del cerebro, a pesar de los cambios estructurales, sino de todo el cuerpo. En términos moleculares, el lector de este libro no es la misma persona que cuando lo empezó y, sin embargo, vive con la impresión de ser el mismo. Es fascinante el problema que se plantea en términos biológicos al mantener una unidad de estructura modulada por un proceso dinámico, aunque las moléculas estén cambiando constantemente. ¿Qué sentido tiene recuperar los recuerdos de infancia, por ejemplo, en la edad adulta, si prácticamente somos otra criatura? Tal vez lo hagamos simplemente porque aquellos recuerdos –inconscientes hasta los tres años– no se borran nunca.

Mi primer recuerdo es de la explosión de una bomba en la estación de ferrocarriles de Sants de Barcelona, en 1939. Mi madre me arrastraba con su mano derecha abriéndose camino con la izquierda. Puedo describir hasta el color de los pantaloncitos cortos que vestía, con una tira en medio que unía los dos tirantes. Recuerdo los ruidos de la gente corriendo, el humo que inundaba el andén y la viga de hierro con un extremo desplomado sobre la vía y el otro empotrado a media pared, que la gente evitaba agachándose para pasar por debajo. Tan cierto e inexpugnable es este recuerdo que ha condicionado desde entonces mi pánico a las muchedumbres en locales semicerrados e incluso al aire libre. Conspiré contra la dictadura, en un café del viejo Madrid, como representante de una de las incipientes fuerzas estudiantiles en la segunda mitad de los años cincuenta, pero casi nadie me ha visto en las grandes manifestaciones políticas de Europa o Estados Unidos. Sólo en tres ocasiones, en mis sesenta y ocho años de existencia, he participado en una manifestación: contra la represión por parte de la policía francesa de una manifestación en París por la paz en Argelia, a raíz de los muertos del metro Charonne –allí conocí, por casualidad, a Yves Montand y a Simone Signoret–; en el funeral de Dolores Ibárruri, en Madrid, en recuerdo devoto de sus discursos emitidos por Radio España Independiente, o la Pirenaica para la audiencia, que escuchaba con mi padre en los años oscuros, y en el entierro del dirigente socialista Ernest Lluch en Barcelona. En las tres ocasiones me las he arreglado para resguardarme al final de la manifestación –los dirigentes comunistas me enviaron cariñosamente, pero sin éxito, un emisario para invitarme a un lugar más cercano a la cabeza de la manifestación– y en la parte exterior de la galaxia multitudinaria.

Pero tuvieron que transcurrir casi sesenta años antes de que aquel recuerdo inexpugnable se tambaleara y yo intuyera que mi recuerdo era, muy probablemente, inventado. Fue en el transcurso de una conversación en Nueva York con el neurólogo Oliver Sacks, autor de libros como *El hombre que confundió a su mujer con un sombrero* y *Despertares*, mientras me explicaba que su hermano le había asegurado –pese a su estupefacción e incredulidad– que no estaba en casa el día que cayó una bomba alemana en el jardín de sus vecinos, sino en el norte de Inglaterra. Oliver Sacks había mantenido aquel recuerdo de la Segunda Guerra Mundial –como yo el de la guerra civil española– durante toda su vida. Era un recuerdo preciso e indiscutible al que se había referido en distintos análisis sobre la memoria, aunque en realidad era falso. Cuando se recuerda algo, ¿no se está volviendo a recordar? La mayor parte de los recuerdos de infancia son de este tipo.

Ahora bien, la memoria biológica no coincide necesariamente con los hechos históricos; el cerebro elucubra para sobrevivir. A veces se recuerdan cosas con la certeza de que realmente sucedieron, pero si se comprueban con los hechos históricos, no siempre son ciertas. Hay un experimento muy revelador al respecto. Al día siguiente de producirse la explosión de la nave norteamericana *Columbia* al regresar del espacio a la atmósfera terrestre, un profesor de Psicología pidió a sus alumnos que escribieran todo lo que sabían sobre ella. Un año más tarde les volvió a pedir que escribieran lo que recordaban. Ellos creían que recordaban exactamente lo mismo que hacía un año, pero cuando se contrastaron los datos se comprobó que eran muy distintos.

En un año, la mente sufre una transformación considerable porque la memoria no es igual que la memoria de un ordenador; no se almacenan bits de información; la mente se relaciona con el significado, no con la información. Es decir, que aportamos significado a nuestras experiencias. Aunque podemos demostrar bioquímicamente que cuando

Fabricamos nuestros recuerdos. Eduardo Punset con Oliver Sacks en el despacho de este último en Nueva York.

se forma un recuerdo se producen unos modelos de sinapsis, que determinadas moléculas se adhieren entre sí, cuando se crea un recuerdo y luego se vuelve a recordar, nuevamente se activan los procesos bioquímicos, de forma que, en cierto modo, cada vez que se recuerda algo se vuelve a revivir lo recordado. Cada vez que se reaviva un recuerdo se reconstruye biológicamente.

Éste es el tipo de material, o más bien de quimera, de que se alimenta la amígdala. A la hora de tomar una decisión emocional, ¿de qué otros recursos echa mano la amígdala, además de la memoria? La experiencia histórica demuestra que las emociones colectivas pueden ser arrolladoras. Se dice, desde siempre, que cuatro ojos ven más que dos. En el sustrato de esta creencia popular subyacía la convicción de que en las interrelaciones grupales quedaban neutralizadas las emociones individuales, que el grupo sazonaba, acercándolas a los patrones de la lógica. La decisión de un jurado debía ser, por fuerza, más imparcial que la de un juez. A la luz de la historia del siglo XX, pocos científicos están hoy seguros de que la suma de la emociones individuales sea contenida y transformada por la emoción del grupo, sino todo lo contrario. Pocas reacciones suelen mostrar tanta visceralidad y capacidad de contagio como las colectivas. Tanto la felicidad como la infelicidad, u otras emociones básicas como la ira, el miedo, la sorpresa o la repugnancia, afloran en su carácter primario en mayor medida cuando son monopolio de una secta, una tribu o una nación que cuando lo son de un individuo abandonado a su suerte. Lejos de neutralizarse, las emociones se suman hasta dar un resultado distinto. Las emociones grupales parecen convertirse en el único factor capaz de neutralizar o sustituir las emociones básicas de los individuos. No conocemos bien la razón de este error en la suma emocional. No existe cultura alguna sin estas emociones. No son aprendidas, sino que forman parte de la configuración del cerebro humano. En cualquier tiempo y lugar los seres humanos han compartido el mismo repertorio emocional básico. Esta universalidad de las emociones básicas supone un argumento adicional a favor de su naturaleza biológica. Pero esto es verdad también, no sólo respecto a las emociones grupales sino, y sobre todo, a las emociones individuales.

El hecho fundamental a tener en cuenta, sin embargo, es que las emociones –aunque transiten por oficinas dispares– tienen su sede oficial en el cerebro reptiliano. Tal vez por esto me ha costado siempre aceptar la tesis de que los reptiles y, con menos motivos todavía, los mamíferos no humanos, incluidos los primates sociales, no tienen emociones. Sería paradójico que en el curso de la evolución los homínidos hubieran situado el control de las emociones en el cerebro evolutivo si careciera de experiencia en estas lides. Con toda probabilidad, cuando hablamos de felicidad estamos refiriéndonos a una emoción compartida con el resto de los animales y gestionada desde la misma zona cerebral: la amígdala. Negarlo supone no solamente descartar la evidencia científica sino la empírica, pero ¡resulta tan cómodo ignorar las emociones de los animales! En el capítulo 2 se analizaba la diferencia esencial –que la hay– entre los condicionantes de la felicidad en nuestra especie y en el resto de animales.

El viaje a la felicidad que da título a este libro tiene todos los visos de haberse iniciado en nuestro pasado prehumano, como el bostezo contagioso heredado de los primates y la mayoría de los instintos básicos, como el de supervivencia o de reproducción. Compartir con el resto de animales el mismo origen y la misma distribución fisiológica no sólo no desmerece la importancia del viaje a la felicidad, sino que le confiere la fuerza arrolladora de un instinto básico. Es el primer paso para entender los efectos devastadores de la infelicidad –la ausencia de felicidad– sobre el metabolismo de las personas y su equilibrio mental. Estamos hablando, nada más y nada menos, que de la represión continuada y la postergación a otra vida de un instinto tan básico como la respiración. No es nada extraña la conmoción generalizada provocada por la búsqueda infructuosa de la felicidad, ni que –a fuerza de ignorar su origen instintivo y su ubicación fisiológica en el cerebro evolutivo– se acabe echando la culpa a los propios afectados por su capacidad infinita para ser infelices.

Una vez constatada la naturaleza emocional de la felicidad y situada su gestión en el sistema límbico, se puede dar un paso más hacia la salida del laberinto. En términos evolutivos, se explica perfectamente la existencia de cierto grado de ansiedad como preámbulo o toque de alerta ante cualquier amenaza –presentarse a un examen decisivo o protegerse de los tiburones en un mar tropical–. Pero lo que no tendría ningún sentido en términos evolutivos sería un estado permanente de ansiedad y, además, acentuado. Es decir, que en el bagaje genético no pueden abundar los genes heredados de personas total y permanentemente infelices, porque no habrían gozado de las condiciones necesarias para procrear más que el resto.

Abocados, pues, a pensar en la base genética de la felicidad en primer lugar –dada su naturaleza y ubicación fisiológica–, parecería lógico definirla no tanto como un comportamiento descriptible, derivado de una tipología particular, sino como la ausencia, literalmente, de deformaciones genéticas graves. Y esto no es otra cosa que un equilibrio mutacional. La felicidad viene definida, en primer término, por la ausencia, en mayor grado que en el promedio de la población, de efectos mutacionales lesivos para la salud física y mental del individuo. La felicidad se fragua en la ausencia biológica del mal. Nada que ver con la conciencia, el pensamiento o las ideologías, por lo menos en sus comienzos.

Los genetistas han calculado que en cada nuevo embrión humano se producen unas cuatro mutaciones en su genoma lesivas para la salud. A estas mutaciones aleatorias habría que añadir las trescientas mutaciones heredadas de sus antepasados con mayor o menor grado de malignidad. Esta acumulación de sinsabores o desgracias potenciales hizo exclamar al genetista Armand Marie Leroi, del Imperial College de Londres: «Todos somos mutantes, aunque unos más que otros». Las cifras anteriores se refieren a promedios, es decir que algunos somos más mutantes que otros. Algunos individuos sufren todos o casi todos los embates del temporal genético, llenando las páginas de los antiguos bestiarios y el catálogo de las mutaciones más dolorosas: un gen que deja de producir la hormona llamada leptina, a causa de una mutación, condena a una obesidad irremediable a su portador; un defecto en los cilios que propulsan a las células y condena al feto a la esterilidad, a tener las vísceras invertidas y a un sentido deficiente del olfato; el síndrome de la seudoacondroplasia deja intacta la vitalidad del organismo pero reduce el tamaño de los miembros a la condición de enano. Otros individuos, en cambio, parecen preservados por la suerte hasta poblar las aldeas y ciudades de seres inasequibles al desaliento, porque son portadores de un equilibrio básico y congénito que les predispone, en mayor medida que al resto, a la felicidad. A la felicidad y, tal vez, a la belleza por los mismos motivos.

Es fascinante pensar que los distintos patrones de belleza asentados a lo largo de la civilización son, en realidad, mucho menos variables de lo que a menudo se dice. Los ideales de belleza situados en la antítesis de las concepciones modernas, sobre todo de algunos pintores clásicos, obedecían más a visiones distorsionadas por sus propias querencias y antojos que a lo que la gente imaginaba como ideal de la belleza física, como están demostrando algunos críticos de arte y, probablemente, corroborando la genética moderna. ¿Quién era realmente bello o bella a ojos de la gran mayoría? La finura de un cutis, la simetría de los órganos de los sentidos, las proporciones que emanan de un organismo con menos mutaciones que los demás. Es muy probable, efectivamente, que el navío que ha sobrevivido al temporal mutacional no sea solamente el portaestandarte de la felicidad, sino también de la belleza. ¿Quiere decir esto que un individuo afectado por un defecto en la hormona del crecimiento segregada por la glándula pituitaria será necesariamente infeliz? Necesariamente no, pero muy probablemente sí. Joseph Boruwlaski, un personaje polaco del siglo XVIII, fue la más conocida y emblemática de las excepciones que confirman la regla. Su condición de enano originada por el mal funcionamiento de la glándula pituitaria no le impidió ser feliz, enamorarse y moverse con gracia por las cortes europeas de la época. Incluso poseyó un título nobiliario. A Marx se le pueden reprochar muchos errores, pero no su afirmación de que «lo que es verdad de una clase –se refería a la burguesía– no lo es necesariamente de un individuo».

Al comienzo y al final siempre hay una emoción

El siguiente vericueto conceptual que nos aproxima a las fronteras mismas del concepto de emoción es su presencia bipolar en todos los procesos, tanto en su fase inicial como en su culminación. En muy pocos años se ha pasado de una situación en la que las emociones no formaban parte del mecanismo de toma de decisiones, ni merecían más que rechazo, a otra en la que se agolpan tanto en el inicio de los proyectos que se pretenden llevar a buen puerto, como en la decisión final con la que suele culminar una reflexión.

El general francés Charles de Gaulle –a fuerza de pensar en proyectos que engrandecieran a Francia– llegó a la conclusión de que, sin un componente que él calificaba de «trascendente», ninguna estrategia podía prosperar. ¿Qué entendía De Gaulle por trascendente? Simplemente, un objetivo añadido a la misión del proyecto que fuera más allá de su consecución interesada y a corto plazo. Muy a menudo, para el general, ese objetivo añadido consistía en la búsqueda de la *grandeur de la patrie;* para él, la victoria sobre los alemanes en la Segunda Guerra Mundial no dependía únicamente de la superioridad bélica que la intervención de Estados Unidos confirió a los aliados, sino del empeño idealista por preservar el buen nombre de Francia. Desde entonces he podido constatar, una y otra vez, el fracaso invariable de todos los proyectos que se ciñen al cumplimiento estricto de los intereses materiales y personales a corto plazo. Cuando falta el elemento trascendente, por pequeño que sea, están condenados al fracaso. En términos científicos, Antonio Damasio afirma, cincuenta años después –desde su cátedra de Neurología en la Iowa State University, en Estados Unidos–, que «sin emoción no hay proyecto que valga».

Todo empieza con una emoción. Ya lo intuyeron algunos grandes hombres de acción hace medio siglo y lo corrobora ahora la ciencia. Pero el descubrimiento más reciente y revolucionario se lo debemos a científicos como Dylan Evans, de la Facultad de Informática, Ingeniería y Ciencias Matemáticas de la University of the West of England en Bristol, al demostrar que las decisiones –todas las decisiones– son emocionales. ¿Cuál es la trama normal de cualquier planteamiento? En el inicio –si lo que acabamos de decir es correcto– hay una emoción. A continuación, se lleva a cabo un proceso de cálculo racional en el que se va ponderando toda la información disponible. A diferencia de la primera fase, en la que todo ocurre a velocidad de vértigo, la segunda etapa es lenta y tediosa: hay tal proliferación de argumentos a favor y en contra que, a fuerza de ponderar y sopesar datos, la lógica de la razón no acaba de imponerse. Afortunadamente, al final reaparecen, como una tabla de salvación, las emociones. Si antes no sabíamos para qué servían las emociones, ahora constatamos que sin ellas no tomaríamos nunca decisiones. De ahí que muchos especialistas en robótica estén ahora empeñados en que los robots del futuro sean capaces, también, de sentir emociones para que puedan decidir en igualdad de condiciones que los humanos. Si nosotros no podemos decidir sin emociones, los robots tampoco.

En contra de la opinión de la inmensa mayoría, que cree conocer las razones conscientes que motivan sus decisiones, los neurólogos sugieren que, en última instancia, es una emoción la que inclina la balanza hacia un lado u otro. Si sólo contáramos con la razón, no decidiríamos nunca nada, dada la complejidad casi infinita que supone evaluar correctamente la selva de datos disponibles. Peer Solberg, profesor en la Sloan School of Management del Instituto de Tecnología de Massachusetts (MIT), en Estados Unidos, explicaba en la década de los sesenta su teoría sobre la toma de decisiones en la vida corporativa: un proceso que iba desde la identificación de todas las opciones hasta la elección final de la que obtenía mayor puntuación; pasando por la evaluación de las mismas y la fijación del orden de prioridades. Un fin de curso en el que sus estudiantes le agobiaron con más peticiones de consejo de lo que era usual para encontrar trabajo, decidió aplicarles la prueba de lo que les había enseñado durante el curso. Su sorpresa y sentimiento de frustración corrieron parejos cuando descubrió que la casi totalidad de sus estudiantes había seguido su corazonada, en lugar del método expuesto en clase para elegir trabajo. Y no sólo esto, sino que la comparación con las ofertas rechazadas tenía como único objetivo convencerse a sí mismos de que su intuición había funcionado. Los alumnos del profesor Solberg no soportaron la lentitud desesperante de los procesos racionales de decisión, que contrastaban con el ritmo fulminante de las intuiciones emocionales. Por otra parte, las decisiones puramente racionales no sólo se perderían en la inmensidad de datos disponibles, sino que, además, no responderían a nuestras necesidades emocionales. Por ello, la presencia de las emociones es –como se decía antes– bipolar: están en el inicio y final de todos los proyectos humanos.

CAPÍTULO 4

Los factores internos de la felicidad. La tristeza maligna

Los factores recónditos de la felicidad

Mi amigo Lewis Wolpert, biólogo inglés, profesor emérito del University College de Londres, no se suicidó tirándose desde un puente al Támesis. Pero su segunda esposa murió de cáncer, atormentada, al decir de muchos, por las continuas amenazas suicidas de Lewis durante más de tres años. A su avanzada edad, a Lewis le ha costado superar la depresión, pero ha escrito un libro en el que cuenta su experiencia depresiva, a la que llamó *tristeza maligna.* Y así tituló su libro. Este capítulo también se titula así, no porque la depresión sea el único factor interno de la infelicidad, sino porque es, posiblemente, el más destructor y el menos controlado de todos los factores que germinan dentro de la propia persona. Dentro de unos años constataremos el enorme coste social en que habremos incurrido al no abordar seriamente el problema de la salud mental. Pero no anticipemos los acontecimientos.

En un capítulo anterior se explicó que la gestora de las emociones, y por lo tanto de nuestra felicidad, recurría, en primer término, a la memoria modulada y a veces sencillamente inventada. La reciente incursión de la neurociencia en el área de las emociones permite profundizar en este mecanismo. Sabemos que el cerebro procesa las emociones de forma similar a la que utiliza para procesar la visión o los movimientos voluntarios, es decir, a través de circuitos neuronales. También sabemos que las emociones y la parte cognitiva del cerebro funcionan con circuitos separados, aunque interdependientes, e incluso relativamente especializados respecto a determinadas emociones, como por ejemplo el miedo y la repugnancia.

Aunque estamos empezando a entender el mapa emocional y podrían identificarse muchas más emociones «especializadas», es proba-

A los homínidos les basta con imaginar la infelicidad para ser infelices. *Cenizas* (1894), de Edvard Munch, uno de los pintores que mejor ha plasmado los estados depresivos.

ble que las dos citadas tengan un estatus privilegiado en la historia de la evolución. Aseguran que el individuo reaccione frente a situaciones amenazantes, como la presencia de depredadores o de miembros dominantes de la misma especie, y ante realidades peligrosas como alimentos putrefactos, agua estancada o un congénere con una enfermedad contagiosa. Una de las imágenes que más me han impactado en toda mi vida me la enseñó la primatóloga Jane Goodall, gran experta en chimpancés. Era una fotografía de un primate sacudiéndose asqueado el brazo izquierdo con los dedos de la mano derecha para que no quedara huella del supuesto estigma dejado por una hembra chimpancé de la tribu enemiga, que le imploraba gracia con la mano tendida antes de que la descuartizara. Aquella guerra por el territorio entre dos generaciones de chimpancés que habían elegido espacios contiguos duró nada menos que cuatro años. La llamaron «la guerra de los cuatro años». Jane

Goodall descubrió entonces, en un rincón de la selva africana, que los chimpancés que había idealizado desde pequeña en su Inglaterra natal podían protagonizar la violencia desalmada característica de los homínidos –como se verá en el capítulo 6, al reflexionar sobre las causas de la infelicidad en las sociedades complejas–, sin la sistematización abyecta de los humanos. En el reino animal hay dominios y dominios. El poder ejercido por el chimpancé patriarca se parece poco al dominio ejercido por el homínido jefe sobre sus vasallos.

El miedo depende de circuitos muy complejos relacionados con la amígdala, el cerebro primordial. Las distintas partes de la amígdala se comunican entre sí. Una vez se establecen estos circuitos como respuesta al miedo, la reacción tiende a perpetuarse automáticamente. Los detalles de estos circuitos habían sido estudiados en ratas, pero desde 1996 se han llevado a cabo experimentos con humanos que permiten conocer la forma de almacenar recuerdos ligados a la emoción del miedo. Ahora sabemos, por ejemplo, que el cerebro procesa información relativa a amenazas y al miedo incluso cuando una persona no se concentra en ello, aunque ni siquiera recuerde haber visto una señal de peligro.

Esto significa que se puede ser fácilmente presa de condicionamientos y reacciones inconscientes al miedo, contaminando así multitud de comportamientos aparentemente racionales. Es muy difícil desprogramar estos circuitos por dos motivos básicos: en primer lugar, el miedo se almacena de forma casi indeleble en nuestro cerebro, y, en segundo lugar, reaccionamos de forma instintiva ante esta emoción. La trascendencia es colosal. No se trata únicamente de que la emoción básica del miedo condicione la vida cotidiana de la gente sin que lo sepa, sino que se está sugiriendo que personajes e historiadores de ideologías tan dispares como Manuel Azaña y Ricardo de la Cierva apuntaron en la dirección adecuada –la que muestran las investigaciones de la neurociencia moderna– cuando achacaban al miedo los horrores de la guerra civil española. Unos horrores fratricidas que traumatizaron a los españoles durante generaciones y que conmovieron al mundo de la época. Como se ha dicho antes, muchos miedos almacenados durante la infancia son inconscientes y perduran siempre. Ojalá el conocimiento de los procesos de formación de la memoria no lleguen nunca al detalle de contar con los recursos necesarios para saber sellar en la infancia una reacción determinada para siempre, cada vez que se produzca el estímulo temido o esperado. Que los horrores equivalentes a los de una guerra civil, en lugar de ser el producto de un estallido azaroso del miedo, no fueran el subproducto calculado de una manipulación de la memoria en la infancia.

Por otra parte, existe otra razón que explica la dificultad de desprogramar los circuitos del miedo. Existen muchos más circuitos celulares que van desde la amígdala, gestora de las emociones, hacia el córtex prefrontal –responsable en mayor medida de las capacidades de razonar y planificar– que al revés. Según Joseph Ledoux, las conexiones neuronales que van del córtex hacia la parte inferior de la amígdala están menos desarrolladas que en sentido contrario. De manera que las pasiones ejercen una influencia mayor sobre la morada de la razón que viceversa. Una vez se ha enchufado la emoción, resulta muy difícil desenchufarla mediante el pensamiento lógico. Por eso es tan complejo controlar nuestras emociones. Las admoniciones de «no fumes», «no te drogues», «no bebas demasiado» recorren un camino vecinal y tortuoso, mientras que los impulsos en busca de tabaco, bebida u otras drogas circulan por autopistas muy bien señalizadas. ¿Quiere decir que, además de incontrolables, las emociones son también azarosas o aleatorias? En absoluto. Si fuéramos plenamente conscientes de la naturaleza inconsciente de lo que los neurólogos llaman los marcadores somáticos, las emociones serían previsibles.

El cerebro asocia un cambio en la percepción corporal o somática con la emoción que crea ese estado somático. Por ejemplo, asocia la imagen de un tigre con la emoción del miedo; si esta asociación se repite regularmente, se convierte en un marcador somático. Los marcadores somáticos son el repertorio de aprendizaje emocional adquirido a lo largo de nuestra vida y se utilizan instintivamente para tomar decisiones diarias. Este bagaje emocional tiñe de forma determinante nuestra percepción del Universo. Como se vio en el capítulo anterior, la ventaja que supone tomar decisiones a través de un sistema emocional es que constituye un atajo: respondemos de forma automática, comprobada por la experiencia, sin necesidad de pensar conscientemente. Pero esto entraña serios problemas.

En primer lugar, este atajo induce a actuaciones excesivas muy difíciles de reprimir. En segundo lugar, los marcadores somáticos pueden estar programados con una carga innecesaria de emociones negativas, que pueden ser el resultado de emociones específicas de la infancia. Y, por último, las emociones pueden convertirse, por su naturaleza automática, en un escollo a la hora de tomar decisiones conscientes que a medio o largo plazo favorezcan la felicidad. Dicho esto, resulta evidente, sin embargo, que la lógica de la supervivencia codificada a lo largo de la evolución de la especie impide, como pretende hacernos creer la sabiduría popular, calificar las emociones de irracionales e imprevisibles. Las emociones son parte integrante de la mente cognitiva, ya que participan en la toma de decisiones de forma integral. De hecho, se ha comprobado que los casos de daños cerebrales que afectan a la componente emocional del cerebro provocan comportamientos *irracionales*. La imposibilidad de evitar las emociones, la dificultad para controlarlas y, sobre todo, para reprogramarlas conscientemente parecen dar la razón a Albert Schweitzer, médico y pacifista, premio Nobel de la Paz en 1952, que dijo: «La felicidad no es más que una mala memoria y una buena salud».

Las historias de Bárbara, la señora K. y Marta

Con el camino andado hasta ahora, el lector ya puede mirar cara a cara al entramado emocional, no con ánimo de descifrarlo en detalle, todavía, pero sí de intuir lo que está ocurriendo a nivel emocional a la luz de determinados comportamientos. A continuación expondré tres relatos sentimentales que servirán al lector para ir modulando su capacidad para intuir las avenidas de la felicidad antes de llegar al último capítulo, dedicado a su formulación concreta. Se trata de personajes de carne y hueso que he conocido personalmente y cuya vida he seguido durante muchos años. Sin duda, los lectores reconocerán en la conducta de los protagonistas de estas historias el papel que desempeñan los factores a los que antes se ha hecho referencia, como la memoria, los marcadores somáticos, la incompatibilidad de lenguajes entre el sistema límbico y el neocórtex y, por encima de todo, la presencia irresistible de las emociones al comienzo y final de los proyectos humanos.

LA VIDA TRUNCADA DE BÁRBARA

Bárbara K. es una chica polaca que quiere estudiar filología turca en la Universidad de Cracovia. Su padre es el dueño de una fábrica de cosméticos. La fábrica está situada en el sótano de la casa familiar en situación de semiclandestinidad. Al señor K. le hubiese gustado tener un hijo varón que heredase su fábrica. Como tiene dos hijas y la mayor vive fuera del país, le pide a Bárbara, su hija menor, que estudie química y así pueda ayudarle a sacar adelante la fábrica de cosméticos de la que malvive la familia. Bárbara accede y renuncia a su vocación profesional. En la universidad, en el último año de la carrera de química, conoce a un profesor casado del que se enamora. El padre de Bárbara declara que si su hija mantiene relaciones con un hombre casado no volverá a hablarle jamás. Bárbara renuncia a su amor. Nunca vuelve a enamorarse. Quince años más tarde, el padre de Bárbara muere y ella, soltera, queda a cargo de la fábrica clandestina y de su madre.

LA OBCECACIÓN DE LA SEÑORA K.

La señora K. es la madre de Bárbara. Siempre ha lamentado profundamente que su hija no se emancipase de la influencia de su padre, pero no ha sabido ayudarla. La vida también es difícil para la señora K., porque la fábrica da cada día menos dinero y su semiclandestinidad le crea muchos temores. La señora K. tiene miedo de la policía, del hambre, del frío, de la soledad. Ahora, fallecido el señor K. desde hace veinte años, la señora K. malvive en su amplia casa con su hija Bárbara. Han considerado la posibilidad de vender la casa, pero necesitan espacio para albergar la fábrica. Además, también necesitan el marco adecuado para colgar la colección de cuadros del difunto señor K. Se trata de una colección de pintura polaca de gran valor, que logró escapar a los peores tiempos de la ocupación rusa gracias a la discreción de la familia. La familia K. se acostumbró a vivir discretamente, sin llamar la atención, evitando invitar a conocidos a su casa. Hoy en día, para llegar a fin de mes, prescinden de la calefacción en invierno. Esto ha empeorado mucho el reuma de la señora K., que camina con dificultad, pero favorece la conservación de los cuadros. La venta de un único lienzo de la amplia colección mejoraría drásticamente la vida diaria de la señora K., pero ella prefiere cumplir los deseos de su difunto esposo. No podría mirarse al espejo si traicionase la voluntad del señor K. Está acostumbrada a la vida dura. Tal vez lo único que lamenta, a veces, es que ya no se atreve a dejar la casa desatendida por miedo a que alguien entre a robar los cuadros, por lo cual ya no puede visitar a su hija mayor ni a su nieto, al que apenas conoce, que viven desde hace años en el norte del país. Pasa, pues, las navidades sola con Bárbara, que prefiere acompañar a su madre por miedo a que el reuma le cause una caída fatal. Bárbara heredará los cuadros cuando su madre muera, y los legará a su vez a su sobrino Alexander, al que apenas conoce.

LA CANCELACIÓN DE LA BODA DE MARTA

Marta pertenece a una familia acomodada de Barcelona. Veranea en la costa, donde conoció de niña a Jordi, el hijo menor del socio de su padre. Sus padres no sólo trabajan juntos, sino que juegan al golf los fines de semana. Sus madres pertenecen al mismo círculo social. Pasa el tiempo y las familias filtran amorosamente las amistades y las experiencias de Marta. Ven con buenos ojos que tenga sus primeros escarceos amorosos con un chico amable y serio como Jordi. A los dieciocho años, como esperan todos, Marta empieza a salir con Jordi. Inicia sus estudios universitarios. Estudia derecho, que da una buena formación general y sirve para cualquier cosa. Las familias consideran que si los chicos están de acuerdo, su boda colmaría de felicidad a todo el mundo. Al terminar la carrera, Marta, que ya lleva años siendo la novia oficial de Jordi, empieza a preparar la boda aconsejada por su familia y la de Jordi. Entretanto, Jordi cursa un máster en Estados Unidos. Marta quisiera trabajar en una ONG en Brasil, pero sus padres le aconsejan que, por su bien, no salga de España. Brasil es peligroso y, además, alguien tiene que organizar la boda para cuando Jordi regrese de Estados Unidos. Finalmente, Marta encuentra un trabajo en el gabinete de prensa de una fundación cultural. El trabajo es aburrido pero el horario es muy compatible con su futura vida de esposa y madre.

Además, Marta está muy ocupada preparando la boda, visitando a Jordi en Washington y trabajando en la fundación. Se casarán el 20 de octubre, el día del aniversario de boda de sus padres, siguiendo todos los cánones de su entorno social. Tres días antes de la boda, Marta, ante la incredulidad de su novio y de sus familias, suspende la boda.

El círculo de Marta lamenta las pérdidas que supone su decisión: el dolor de Jordi, los graves inconvenientes para el círculo social y profesional de sus padres, las pérdidas económicas... y el temor de que Marta lamente toda su vida haber sido «víctima de sus emociones».

Marta, en cambio, piensa que ha vivido demasiado tiempo sin tomar decisiones libremente, siempre sutilmente coaccionada por los que la quieren (su familia), que no ha desarrollado una carrera donde se sienta útil y necesaria, que su relación con Jordi no es tan intensa como ella desearía, y que ya va siendo hora de replantearse lo que de verdad desea en esta vida para sentirse bien consigo misma. Marta toma una decisión consciente que contradice su programación emocional. Su posición va un paso más allá que la de Bárbara, que cuestionaba la idoneidad de su vida sin atreverse a cambiarla.

A estas alturas de la reflexión conjunta entre el autor y el lector de *El viaje a la felicidad*, ¿qué piensa el lector al penetrar en las tormentas emocionales de Bárbara, de la señora K. y de Marta?

¿Qué le ha ocurrido a Bárbara? ¿Ha renunciado conscientemente a liberarse de sus ataduras emocionales? ¿El neocórtex se ha impuesto a la amígdala? ¿O bien la decisión contraria tenía más posibilidades de acercarla a la felicidad?

¿El miedo es la emoción dominante de la señora K., que somete su mente cognitiva a su programación emocional? ¿O acaso los marcadores biológicos esculpidos por el miedo al hambre o a la guerra le han asegurado la supervivencia?

¿Vulnera la decisión de Marta la supervivencia de su microcosmos familiar? Dado que un niño es incapaz de cuidar de sí mismo durante mucho tiempo, ¿predomina por ello, en su plano instintivo, la sumisión al vínculo con el núcleo familiar? ¿Se trata de una programación emocional diseñada para mejorar las opciones de supervivencia de la especie frente a nuestra propia supervivencia o, con más razón, nuestra felicidad? Aunque fracase el intento de Marta de tener una vida más feliz, ¿sería aconsejable fomentar la conciencia individual de que la autonomía sobre la propia vida es un factor fundamental para alcanzar un grado de felicidad, aunque dicha autonomía sea percibida por la sociedad en general, y por el núcleo familiar en particular, como peligrosa?

El puzle emocional y la automatización de los procesos

Para complicar más el puzle emocional debemos traer a colación un hecho probado y sorprendente, característico de los colectivos humanos. La historia de la civilización es la historia de la progresiva automatización de los procesos. Desde que surgieron las primeras comunidades humanas hace unos diez mil años, el progreso y la civilización han sido sinónimos de la automatización sucesiva de los distintos procesos de producción. En la medida en que se consolidaban prácticas como la división del trabajo o la mecanización de la agricultura, se avanzaba en riqueza y bienestar. ¿Acaso se puede negar que la introducción del piloto automático en el tráfico aéreo ha aumentado los índices de eficacia y seguridad? ¿Es cuestionable que la introducción del tractor y la automatización de la labranza de la tierra supuso un paso adelante respecto al arado romano movido manualmente?

Ahora bien, ¿es aplicable a los procesos individuales un razonamiento parecido? Jugaría a favor de esta hipótesis la extrema eficacia de los procesos biológicos automatizados como la respiración, la sudoración o la circulación de la sangre, comparados con los avatares de las decisiones conscientes como emprender un viaje, casarse, cambiar de trabajo o romper una relación personal. A juzgar por la experiencia, el porcentaje de aciertos, en este último caso, no suele superar, en promedio, el porcentaje de desaciertos. En todo caso, pone los pelos de punta pensar cómo sería la vida, o qué quedaría de ella, si reasignáramos al dominio consciente lo que ahora son procesos automáticos como la respiración. Todo indica que nos hallamos en una situación en la que la progresiva automatización de los procesos colectivos pone al descubierto la alarmante ineficacia de los que todavía no han sido automatizados. Para no adentrarse en la infinidad de ejemplos de la vida amorosa –¿el matrimonio programado de Marta era equivalente a un proceso automático con el que se interfirió consciente e innecesariamente?–, tal vez resulte igualmente ilustrativo detectar las ineficacias creadas en el mundo corporativo por la no automatización de procesos que deberían serlo.

Con la buena intención de contener el déficit de explotación, en el ente público de Televisión Española rige una norma administrativa que exige nada menos que la firma del director general que trabaja en el centro administrativo y gestor de Madrid para aprobar cualquier dieta de viaje de sus miles de funcionarios y contratados. En mi condición de director de *Redes*, el programa de la segunda cadena de la televisión estatal para la comprensión pública de la ciencia, he podido constatar que la no automatización de un proceso administrativo perfectamente automatizable puede originar disparates como la pérdida de la diferencia de precio entre un billete que se hubiera podido sacar, con mucha antelación, en el momento de planificar un viaje determinado y el precio más elevado del billete adquirido a última hora cuando llega la autorización administrativa de la dieta. La definición del ámbito reservado a los procesos conscientes por una parte, y el imputable a los procesos automatizados por otra, no sólo es, pues, relevante en el viaje a la felicidad, sino también en los cálculos coste-beneficio en la vida empresarial.

De nuevo la tristeza maligna

Es el momento de volver al vendaval moderno de la infelicidad: la depresión. Es tal su impacto, que puede tomarse como sustitutivo de la primera. En realidad, son una y la misma cosa. La depresión tiene dos efectos muy preocupantes en nuestras vidas, como individuos y como sociedad: por una parte, limita o anula la capacidad de ser felices, y por otra, las enfermedades mentales y la depresión son responsables del 15 % de las enfermedades en los países desarrollados. La depresión aguda es la segunda causa de enfermedad en Estados Unidos, según el siguiente listado del National Institute of Mental Health:

1.ª Cardiopatía isquémica
2.ª **Depresión mayor**
3.ª Enfermedad cardiovascular
4.ª Consumo de alcohol
5.ª Accidentes de tráfico
6.ª Cáncer
7.ª Demencia
8.ª Osteoartritis
9.ª Diabetes

La depresión es la mayor causa de incapacidad del mundo, medida en términos de años vividos con una condición causante de incapacidad, entre personas mayores de cinco años. En España la situación difiere algo de estas estadísticas, ya que los accidentes de tráfico ocupan un lugar preferente en la tabla y relegan la depresión a una posición menos llamativa entre las causas de incapacidad. Se estima que, a medida que envejezca la población mundial y se erradiquen las enfermedades infecciosas, los cuadros psiquiátricos y neurológicos irán en aumento y podrían llegar a representar el 15 % de las enfermedades globales el 2020. Su efecto sobre la población activa es muy grave. Aunque se está consiguiendo erradicar en buena medida las enfermedades provocadas por factores externos, nos invade la tristeza maligna que germina en lo más recóndito de nosotros mismos.

Al analizar sus causas se ha hecho referencia, hasta ahora, al miedo, que a veces conduce a una ansiedad necesaria y otras a la desesperación. En el mismo contexto, se ha constatado la arrolladora primacía de las emociones sobre la razón. La otra cara de la moneda es, como muestra la anécdota de la cancelación de la boda de Marta o el caso de algunas prácticas administrativas de Radio Televisión Española, la interferencia de las decisiones conscientes en los procesos supuestamente automatizables o automatizados. ¿Qué otras causas de la infelicidad conocemos?

Al definir la felicidad como una emoción se está sugiriendo que, como todas las emociones, es efímera y que, por lo tanto, el primero en llegar a la meta de la infelicidad será el que haya pretendido ser feliz continuamente. Como dijo Carl Gustav Jung, «incluso una vida feliz comporta cierta oscuridad y la palabra feliz perdería su sentido si no se viera compensada por cierta tristeza». El psicólogo James Hillman lo expresaba con estas palabras: «El rechazo a enfrentarse a la emoción, esta mala fe del consciente, es la piedra de toque de nuestros tiempos de ansiedad. No nos encaramos con las emociones honestamente, no las vivimos de forma consciente. La emoción queda atrapada como un telón de fondo tétrico, llenando de sombras nuestras vidas, y expresándose a la fuerza de forma violenta. La terapia para este mal depende enteramente de que cambiemos nuestra actitud consciente hacia las emociones. Debemos aprender a valorar las emociones por encima de la consciencia».

La búsqueda de la felicidad –como la búsqueda del éxito– implica siempre un compromiso y rendir homenaje a la naturaleza ambigua de los humanos. El solo hecho de reconocer físicamente las emociones que acompañan el estado emocional ya posee cierto valor terapéutico. El miedo, por ejemplo, suele ir acompañado de una sensación de ardor en el estómago y de rigidez en los músculos; la rabia, en cambio, se caracteriza por un subidón de energía agresiva y una temperatura corporal más elevada. Cuando un individuo es consciente del tipo de emoción que experimenta, sus lóbulos prefrontales pueden moderar su respuesta emocional. Es más importante concentrarse en los cambios fisiológicos que acaecen que ensimismarse en los pensamientos que los han desencadenado.

Las limitaciones del cerebro

Otra de las razones internas y consustanciales de la infelicidad obedece no sólo a los procesos neurológicos analizados anteriormente, sino también a las limitaciones evidentes del cerebro. Hemos sobrestimado repetidamente –tal vez inmersos en el afán ridículo y prepotente de diferenciarnos del resto de los animales– la singularidad de nuestro cerebro. Incluso ha sido llamado «la máquina perfecta del Universo». La verdad, no obstante, es otra. El cerebro tiene serias limitaciones, perfectamente comprensibles si se piensa en su situación. Los humanos –a diferencia de los crustáceos, que tienen el esqueleto fuera y la carne dentro– tienen el esqueleto y el cerebro en el interior y la carne en el exterior. El cerebro, como dice el neurólogo norteamericano de origen colombiano Rodolfo Llinás, catedrático de Neurociencia de la Universidad de Nueva York, está absolutamente a oscuras. Su única manera de elucubrar qué ocurre en el exterior es interpretando, mal que bien, los mensajes codificados que le llegan a través de los ojos –muchos aquejados de conjuntivitis y de defectos oculares–, los oídos –plagados de otitis– y las células gustativas deterioradas y forzadas a recurrir a las células olfativas, más sofisticadas que ellas, para definir el sabor de las cosas. No es extraño, en tales condiciones, que las elucubraciones del cerebro magnifiquen o subestimen la realidad exterior, con el consiguiente impacto negativo sobre las emociones y las conductas del individuo. Los físicos acostumbran a decir que un 90 % de la realidad es invisible; los grandes neurólogos como Richard Gregory, profesor emérito de Neuropsicología de la Universidad de Bristol, que «el cerebro no busca la verdad, sino que elucubra para sobrevivir», y los fisiólogos que los circuitos de las percepciones cerebrales son extremadamente complejos y, por lo tanto, vulnerables.

Dadas las circunstancias no es extraño que se cuestione la capacidad del cerebro para acumular y recordar toda la información necesaria para formarse una idea cabal de todos y cada uno de los hechos que se originan en el exterior a lo largo de toda la vida. Es más, hay quien admite, resignadamente, que, ante la imposibilidad de gestionar toda la información disponible y necesaria para calibrar un hecho, un personaje o un proceso, el cerebro opta por conceptualizarlos en modelos abstractos. Frente a una realidad inabarcable en toda su extensión –dice el neurocientífico Semir Zeki, catedrático de Neurobiología del University College de Londres–, el cerebro crea modelos abstractos y casi perfectos –de la casa, el hombre, la mujer o el coche ideales– que contrastan con la trivialidad de la vida cotidiana. Como es de esperar, la comparación rara vez resulta halagadora para la cosa, el individuo o el proceso individual en cuestión, ya que nunca llega a aproximarse del todo al modelo abstracto e idealizado. El resultado es un estado de insatisfacción constante que estaría en la base de la depresión generalizada.

Esta limitación del cerebro para estructurar las experiencias vividas fue teorizada por Aaron Beck hace ya muchos años, en la Universidad de Pennsylvania, y ha dado lugar a uno de los cuerpos más sólidos y exitosos en el mundo de las terapias antidepresivas: las llamadas terapias cognitivas. Cada persona tiene una forma propia de pensar, de estructurar las experiencias acumuladas y algunos lo hacen siempre con un prejuicio sistemático contra sí mismos. Una determinada manera de pensar consiste en pensar mal de uno mismo.

–...por el deje de la voz de mi madre hablando por teléfono está claro que no me quiere –le dice el paciente al médico.

–Pues no está nada claro. Lo que ocurre es que usted piensa mal –contesta el médico, dispuesto a utilizar la terapia cognitiva.

Precisamente porque está a oscuras, el cerebro necesita tener constantemente la sensación de que controla la situación, de que todo tiene una explicación, de que no se le van de la mano los acontecimientos. ¡Bastante incertidumbre hay sobre la percepción del universo exterior –desde su cámara oscura– para que el cerebro acepte de buen grado, además, perder el control! Pero a veces lo pierde. De ahí nace, con toda probabilidad, la razón última de la infelicidad y la depresión. La prueba experimental más contundente fue realizada al final de la década de 1970 por el psicólogo Martin Seligman que, años más tarde, optaría por el estudio de la felicidad hasta convertirse en uno de los especialistas más reconocidos mundialmente. El experimento de la década de 1970 se hizo a destiempo, en el sentido de que pasó prácticamente desapercibido. La comunidad científica no se preguntaba entonces, como ahora, por el papel abrumador que desempeñan las emociones ni por los escollos en el viaje a la felicidad.

El experimento de Seligman consistía en someter a cinco ratones, cada uno en su cubículo, a una intensa descarga eléctrica totalmente aleatoria, es decir, impredecible para los ratones. Sin embargo, uno de ellos tenía en su espacio una palanca que, movida con acierto, desconectaba la corriente eléctrica de todos los ratones. En otras palabras, la única diferencia entre los cinco ratones era que uno de ellos tenía una palanca y, a veces, le daba la sensación de que, de alguna manera, controlaba la situación. Pero al final del experimento, todos los ratones habían recibido el mismo número de descargas y de la misma intensidad. ¿Puede el lector prever su impacto sobre la salud de los ratones?

A las seis semanas, el sistema inmunitario de cuatro ratones se había desmoronado; su sistema emocional estaba exhausto y la depresión acabó con sus vidas. El ratón que disponía de la palanca y que, ocasionalmente, podía tener la sensación de que ejercía un amago de control sobre lo que se le venía encima a él y a sus compañeros de cautiverio murió igual que los demás, pero muchos meses después. Desde que estudié estos resultados hace unos años, a mis alumnos del Instituto Químico de Sarrià de Barcelona les sugiero –cuando me piden mi parecer sobre las posibles salidas laborales de sus estudios– que sólo acepten trabajos con una palanca de control, por leve que sea, y que nunca acepten –aunque les ofrezcan mucho dinero– un puesto en el que nada ni nadie dependa de lo que ellos hagan. Seguro que el número de depresiones entre mis ex alumnos que han encontrado trabajo es menor que el de otros centros, porque no habrán olvidado las palabras del gran psicólogo Brent Atkinson: «Aunque nuestro cerebro racional es potente y constituye un equipamiento indispensable para los humanos, sólo nos podrá guiar si aceptamos que las reacciones del cerebro primordial para sobrevivir todavía acechan el entramado neuronal de todos los mamíferos, incluido el orgulloso humano cerebrado».

Los flujos hormonales

La simple pérdida de control puede explicar determinado tipo de depresiones, pero no situaciones alarmantes como la depresión melancólica o el suicidio. Para entender situaciones como éstas debemos recurrir a las reacciones cerebrales a las que se refería Atkinson. Entre las principales reacciones del cerebro primordial figuran los flujos hormonales.

Una hormona es una molécula diminuta, comparada con los ácidos nucleicos –aunque comparada con el CO_2 o el benceno es enorme–, que provoca varios impactos trascendentes. Se trata de un mensajero químico que va de una célula o de un grupo de células a otras. Todos los organismos multicelulares segregan hormonas que llegan a la célula objetivo en forma de señal de alarma, que desencadena acciones determinadas por la naturaleza de la hormona segregada y por la interpretación de la señal por parte del tejido receptor. Sin ánimo de resquebrajar la convicción de los que creen que la capacidad de comunicación diferencia a los homínidos de las demás especies, es doblemente fascinante pensar, a este respecto, que las bacterias también segregan moléculas señalizadoras que captan otras bacterias.

Se ha avanzado muchísimo en el estudio del papel que desempeñan los flujos hormonales en el estrés, por ejemplo. Pero cuando se dice que se ha avanzado muchísimo se está haciendo referencia a los marcadores somáticos, susceptibles de activar los flujos hormonales, a los períodos precisos de la vida en los que estos flujos dejan una señal indeleble –entre las ocho y veinticuatro semanas del embarazo, entre los cinco meses del feto y el nacimiento y, finalmente, en la pubertad–; se está aludiendo a los recorridos de los circuitos neuronales, gracias a los estudios realizados con animales. Tanto es así que, en cierta ocasión, al reflexionar por videoconferencia con Robert Sapolsky, profesor de Biología y Neurología en la Universidad de Standford, sobre los impactos de los flujos hormonales, él alardeaba de que podría diagnosticar, a distancia, *on line*, el estado emocional de un desconocido situado en el otro extremo del planeta, si le llegaran debidamente registrados los datos relativos a la presión arterial, la temperatura y las descargas hormonales. «Sabría qué estaba pasando salvo en un caso –añadió con su característico sentido del humor–. Las afinidades entre los estados de ánimo de amor y odio son tan excepcionales que me daría cuenta de que pasaba algo fuerte, pero sería incapaz de dilucidar si dos personas se estaban matando o haciendo el amor.»

Sin embargo, seguimos sin entender por qué a los homínidos, a diferencia de los otros animales, les basta con imaginar que lo van a pasar mal para pasarlo mal y desencadenar idénticos impactos a los provocados por una amenaza real. Como explica el propio Sapolsky en su libro *¿Por qué las cebras no tienen úlcera?*, cuando una cebra es atacada por una leona, pueden ocurrir dos cosas: que sea devorada o, por el contrario, que a base de correr y con suerte salve su vida. En el segundo caso, el impacto de los flujos hormonales durará el tiempo necesario para que la cebra se reponga del susto y recupere su condición de animal libre y feliz. En cambio, a los humanos les basta imaginar una leona y, aunque estén en plena Quinta Avenida de Nueva York, el proceso de descargas hormonales les causará idénticos estragos físicos que si fuera real. En el capítulo 6 se profundizará en esta capacidad singular de los humanos de imaginar la desgracia, y el lector encontrará la versión completa de mi conversación con Robert Sapolsky.

Ahora bien, los flujos hormonales no sólo son responsables del estrés. Recientemente, se ha descubierto que situaciones repetidas de estrés pueden lesionar la región cerebral del hipocampo, especialmente implicada en los procesos de la memoria y el aprendizaje. Los glucocorticoides, un tipo de hormona segregada por la corteza de las glándulas suprarrenales en períodos de estrés, son factores decisivos del proceso tóxico. A la luz de otros experimentos de los especialistas del equipo del psiquiatra Simon Baron-Cohen, catedrático de Psicopatología del Desarrollo de la Universidad de Cambridge y director del Centro sobre el Autismo –enfermedad de la que se le considera una de las primeras autoridades mundiales–, parece que el poder de las hormonas es también determinante en campos insospechados, como los que tienen que ver con la diferenciación e incluso la orientación sexual marcadas por descargas hormonales en la etapa prenatal.

Al hablar de las causas internas de la felicidad, cada día resulta más difícil aceptar la desfasada concepción, otrora considerada progresista, según la cual los factores determinantes son de orden externo y están modulados por la voluntad social. Lo que está claro, en todo caso, es que los factores externos no son los únicos que cuentan. Ya va siendo hora de que la cordura se adueñe de esta reflexión. Por una parte, el pensamiento reduccionista cree que la biología basta para explicar el comportamiento humano. Así, «altos niveles de testosterona significan altos niveles de violencia». Por otra parte, el llamado pensamiento social a veces, o progresista otras –aberrante, lo llamemos como lo llamemos–, se niega en redondo a aceptar que la biología y la genética no sólo pueden modular el comportamiento, sino también las actitudes y las orientaciones sexuales. «El comportamiento diferenciado del promedio de la población femenina con relación a la masculina se debe a causas puramente culturales y ambientales», afirman, equivocadamente, los partidarios del entorno *(nurture),* en el debate que mantienen con los defensores del determinismo biológico *(nature).*

¿Por qué no aceptar, simplemente, los resultados de la experimentación y la prueba? Los experimentos realizados hasta la saciedad demuestran que muchas clases de depresión pueden curarse aplicando terapias puramente cognitivas. No hace falta ninguna terapia génica.

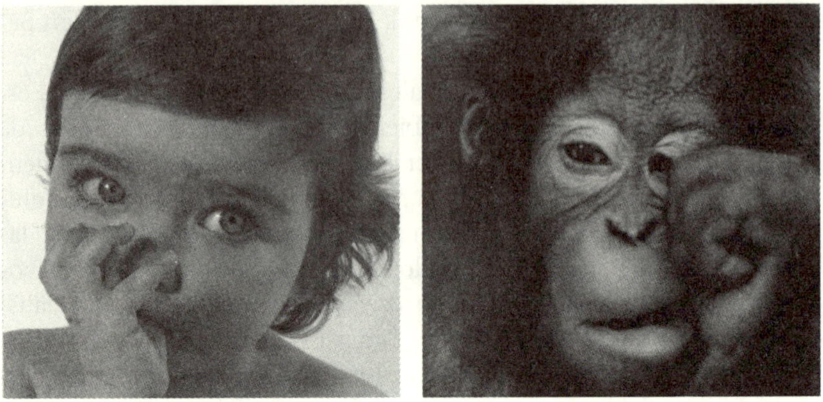

¿Qué nos diferencia de los animales?

Las mismas terapias cognitivas no dan resultados con otros pacientes, como los maníaco-depresivos. En otro campo, los experimentos demuestran que la testosterona amplifica, pero no desencadena, la respuesta a los disparaderos ambientales de conductas agresivas. No basta con tener testículos que segreguen testosterona con eficacia para mostrar comportamientos violentos. Y, por último, el llamado cociente digital –el dedo índice tiende a ser menor en los varones que el anular, mientras que tiende a la igualdad en las mujeres– es el resultado de una diferencia claramente biológica entre los dos sexos, derivada de los flujos hormonales dispares durante el período fetal. De hecho, la diferencia en el cociente digital es visible a la temprana edad de dos años, mucho antes de que hayan podido intervenir los factores culturales o ambientales.

Hasta aquí, hemos revisado el impacto de emociones básicas, como el miedo, como causas internas que pueden desbaratar la felicidad; las interferencias innecesarias de los procesos conscientes en la toma de decisiones; el empeño en no aceptar el carácter efímero de la felicidad; los límites cerebrales en el tratamiento de la información que conlleva la idealización de objetos y personas; los prejuicios enraizados contra uno mismo que distorsionan la realidad; la pérdida de control y los flujos hormonales. Pero más allá de la enumeración de los factores internos de la infelicidad, el dilema básico que despierta la curiosidad de los científicos y del público en general es el siguiente: ¿las descargas de testosterona generan situaciones de violencia o bien esas situaciones provocan las descargas hormonales? ¿Los entornos adversos provocan grados elevados de inestabilidad temperamental o bien la inestabilidad temperamental heredada genera entornos violentos? En la respuesta a estos interrogantes yace la solución. La buena noticia es que actualmente varios científicos trabajan para desvelar esta incógnita.

La mayoría de gente no se deprime frente a la adversidad. Algunos incluso se crecen. El psiquiatra Kenneth Kendler, de la Virginia Commonwealth University, en Richmond, Estados Unidos, está cifrando el común denominador de las posiciones apuntadas a raíz de un hallazgo tremendamente significativo: es relativamente fácil rastrear en edades muy anteriores a la condición de adulto la inestabilidad temperamental de determinados pacientes, es decir, antes de que dicha inestabilidad se vuelva patológica. Es demasiado pronto para aventurar qué clase de gen o de grupo de genes –¿los encargados de transportar la serotonina en el cerebro, quizá?– son responsables de la infelicidad que genera la depresión aguda. Es más, todavía no sabemos qué se hereda exactamente. Pero ya se están fijando las bases genéticas de la ansiedad o, para decirlo más lisa y llanamente, se ha comprobado que hay personas con un gen que se expresa de forma tal que experimentan mayor inestabilidad emocional que otras personas sometidas a presiones ambientales o de fuerza mayor similares pero dotadas con una expresión genética distinta. Este hallazgo no supone el fin de la incertidumbre sobre qué ocurre en el interior de nosotros mismos, pero se ha pasado la última página de un capítulo en el que las tinieblas y la ignorancia obstaculizaban el viaje a la felicidad.

CAPÍTULO 5

Los factores externos de la felicidad

La herencia de la especie

Si la felicidad es una tormenta de genes, cerebro y corazón –como sugieren los capítulos anteriores–, ¿por qué los buscadores de la felicidad se lanzan a esta carrera incesante tras señuelos externos como el dinero, el trabajo, la salud o la educación? Ya resulta sospechoso, de entrada, que siendo la depresión el símbolo más emblemático de la infelicidad o, aún peor, el subproducto de analizar los propios intestinos hasta enredarse en ellos –según Susan Greenfield, profesora de Farmacología en la Universidad de Oxford–, la antítesis de la depresión, la felicidad, en cambio, se deba a factores externos. No tiene demasiado sentido.

Es esencial entender lo que los paleontólogos llaman la perspectiva geológica del tiempo para contestar a la pregunta del párrafo anterior. La dilución de un proceso de cambio evolutivo en millones de años transcurridos impide, realmente, conciliarlo con el mundo imaginado por un cerebro de vida efímera. La orientación de las fibras de colágeno en un fósil humano de hace tres millones de años ayuda a comprender la estructura y la función actual de un hueso. Pero ninguna mente es capaz de abarcar la perspectiva geológica del tiempo, porque el conocimiento acumulado por los fósiles sepultados hace millones de años se perdió con ellos para siempre. Ya nadie puede recurrir a ese conocimiento para explicar las funciones de un hueso determinado.

Tomemos un ejemplo de un campo totalmente distinto: la conquista de los números por parte de la especie humana. Seguro que mucho antes de los tiempos babilónicos el hombre primitivo aprendió a distinguir a un lobo solitario y hambriento, que podía atacarle, del resto de la manada. Había el *uno* por una parte, y el resto por otra. Con el *uno* empezaron las matemáticas. ¿Cuántos miles de años transcurrieron antes de que aquellos homínidos, que desde tiempos inmemoriales se habían percatado de que todo el mundo parecía tener dos brazos, dos piernas o dos senos, se fijaran en las semejanzas –gracias a ello acabarían dando con la abstracción del *dos*–, en lugar de los contrastes entre un lobo y el resto de la manada? Entonces, la nueva ciencia de las matemáticas ya contaba con el 1 y con el 2, y con el resto. Luego vendrían el 3 y el 4...

Nuestros antepasados, acostumbrados a sentir temor por los osos y las serpientes de cascabel, tardaron tanto o más tiempo del que llevó la invención de las matemáticas en darse cuenta de que la felicidad o la infelicidad también podían brotar de sus entrañas y no sólo del Universo que los rodeaba. A fuerza de experimentar sensaciones parecidas pero desencadenadas por estímulos distintos, como un león o una araña, acabaron fijándose en las semejanzas y deduciendo que sentían lo mismo. En el preciso momento en el que uno de ellos cayó en la cuenta de que la repentina aceleración del ritmo cardíaco la disparaban eventos tan dispares como el vértigo al vacilar ante un barranco, la falta de respiración al sumergirse una y otra vez exhausto para alcanzar la otra orilla del río, o las amenazas proferidas por un grupo de caníbales pintados de rojo; en el preciso momento en que la diversidad muestra su común denominador y, mediante un proceso de abstracción, se atina con el concepto que la define, nace sin querer en el interior del hombre primitivo la conciencia de la emoción del pánico.

Lo que se resume aquí en pocas líneas tardó miles de años en cuajar. Es decir, que la reflexión sobre el impacto de los acontecimientos interiores como los flujos hormonales que se han descrito en el capítulo anterior, o la destrucción de determinados tipos de valores en el contexto de la felicidad, es muy posterior a la búsqueda desesperada de factores externos. Aunque las comparaciones son siempre odiosas, en términos emocionales estamos en la fase equivalente al número 2 en la evolución de las matemáticas, es decir, en la prehistoria. Seguimos pensando que la felicidad o la infelicidad están inducidas por las emociones desatadas por los demás, por los miedos provocados por el trabajo, por la seguridad que dan unos buenos estudios o el dinero. Todavía tendemos a creer que tanto la fuente de la felicidad como de la desgracia depende de otros o del resto de la manada. Y con esta visión de las cosas, nos obcecamos en escrutar un factor tras otro, midiéndolos por separado, correlacionándolos gracias a nuestra capacidad metafórica y llegando a conclusiones como que la salud, pongamos por caso, es menos importante que las relaciones con la pareja.

Sigamos con el paralelismo entre las emociones y las matemáticas. Hoy sabemos que Galileo se equivocaba al considerar que las matemáticas están en el Universo y que basta con descubrirlas poco a poco. Ocurre lo contrario. A todas luces, hemos inventado las matemáticas, sobre todo desde que la cosmología moderna sugiere que incluso las leyes de la física que conocemos podrían no regir otros universos. Sucede igual con las emociones. Las hemos inventado. No están esperando ahí fuera a que las descubramos. Ahora bien, así como las matemáticas que hemos inventado se adaptan a nuestra percepción del Universo, lleno de líneas rectas, perfiles precisos, bordes –al astrónomo Mario Livio, gestor del telescopio *Hubble* durante muchos años, le gusta decir que si hubiésemos tenido visión infrarroja y, consecuentemente, borrosa, hubiésemos inventado unas matemáticas distintas de las euclidianas–, las emociones que hemos inventado también se adaptan a nuestra visión particular de los organismos y la materia. En ese sentido, podemos concluir que inventamos y descubrimos las emociones simultáneamente, como las matemáticas.

Pero con una diferencia muy importante. La evolución del Universo hacia la entropía y el desorden no afecta a su aparente continuidad: las fuerzas electromagnéticas y nucleares, la temperatura, la velocidad de la luz o la relación materia-antimateria permanecen constantes, de manera que siguen vigentes las leyes de la física. La diversidad de los organismos vivos, no obstante, y su naturaleza cambiante –cuando no claramente desconcertante y engañosa– hacen más difícil la correspondencia con un sistema emocional predeterminado. La permanencia de las leyes físicas cuadra con la imperturbabilidad del Universo. El sistema emocional instrumentado para lidiar con los organismos vivos chocará con una diversidad desconcertante. Nos asustan una araña o una serpiente, pero un átomo radiactivo o una seta venenosa nos dejan indiferentes porque no vemos al primero y porque la segunda es bella. ¿Cómo iba el sistema emocional a desconfiar de la belleza si la evolución le inculcó exactamente lo contrario? Dos de mis nietas, Alex y Ticiana, de muy niñas se asustaban y se ponían a llorar cuando iba a visitarlas de vuelta de viaje. Mi cabellera ya menguante pero todavía encrespada por los rizos las alertaba de que un personaje extraño acababa de irrumpir en su entorno familiar. Su sistema emocional las ponía en guardia, aunque como les ocurriría tantas veces cuando fueran mayores, en falso. Con esa salvedad que dimana de la naturaleza equívoca de los organismos vivos, en contraste con la materia inerte, y a sabiendas de que el secreto de la felicidad –como se verá más adelante– yace dentro de uno mismo, dedicamos este capítulo a sus condicionantes externos.

Cuando la vida dejó de ser lo que era

Las rocas de la formación de Isua, en Groenlandia, tienen unos tres mil ochocientos millones de años. No hay restos de vida en ellas, pero sí señales de que contenían agua, lo cual indica que la vida ya podría haberse desarrollado entonces. Poco después, en el planeta Tierra empezó a configurarse un fascinante espectáculo de colaboración. Los primeros organismos, probablemente unas células todavía desprovistas de núcleo genético en su interior –similares a las bacterias de hoy–, campaban cada una por su cuenta en aquel medio ardiente. Gracias al proceso de fotosíntesis, captaban el CO_2 del aire, la energía del sol y las sales minerales de la tierra, como hoy las plantas al sintetizar materia orgánica nueva. Pero existe una gran diferencia: la fotosíntesis de las plantas es oxigénica, rompe una molécula de dióxido de carbono y libera oxígeno, mientras que en los tiempos iniciales la fotosíntesis era anoxigénica porque se rompía el sulfuro de hidrógeno y no el agua. Ahora bien, los procesos de alimentación de los primeros protagonistas del planeta –¿por qué se tiene tan olvidada la etapa primordial de la vida?– no exigían ejercer la violencia para depredar a los demás. Aquellas comunidades pacíficas ya se regían por criterios de eficacia que las llevó a la cooperación continuada entre ellas. El objetivo de la supervivencia, y por lo tanto de la felicidad, pasaba por un sofisticado ejercicio de colaboración entre los organismos primordiales. La constatación de lo que biólogos como Lynn Margulis, profesora de la Universidad de Massachusetts, calificaron de endosimbiosis, la llevó a postular que en la historia de la evolución ha imperado más la colaboración entre las especies que la competencia despiadada por la supervivencia.

Mientras las cianobacterias iban oxigenando la atmósfera, otras bacterias soportaban mal los procesos de oxidación desatados, así como la creciente reactividad del aire. La aparición del oxígeno, letal para la mayoría de los organismos, provocó un verdadero holocausto. Así, esas células se aliaron entre sí para formar organismos pluricelulares más adaptados al nuevo entorno oxigenado. A la primera célula eucariota le sucedieron las primeras algas marinas en el curso de cuatrocientos millones de años. Y unas espiroquetas más veloces que la mayoría de los demás organismos también acabaron penetrando en la muralla de la membrana celular, aportando las ventajas de su rapidez al conjunto, a cambio de alimentos. Aquellas mitocondrias y cloroplastos que habían llegado en «pateras» a los recintos de los primeros organismos complejos, a los que ayudaron a formarse, siguen regulando hoy, miles de millones de años después, los sistemas de respiración y suministro energético de las plantas y los animales.

¿Qué interés tiene comprender la endosimbiosis para definir el marco exterior de la felicidad? La propia Lynn Margulis contesta brillantemente a esta pregunta: «A menudo nos olvidamos de hasta qué punto la vida en la Tierra es interdependiente. Sin la vida microbiana nos hundiríamos en las heces y nos ahogaríamos en el dióxido de carbono que exhalamos. Es imposible juzgar la historia de la evolución de manera equilibrada si sólo la concebimos como una fase de preparación para la vida más compleja de los seres humanos. La mayor parte de la historia de la vida ha sido microbiana. La naturaleza antigua, vasta y fundamental de nuestra interdependencia con otras formas de vida debería dotarnos de cierta humildad y sentar las bases para que podamos afrontar el futuro sin falsas ilusiones. A pesar de nuestras quejas continuas, somos tanto explotadores como víctimas, y somos consumidos igual que nosotros consumimos a otros seres. La moraleja de la historia de la evolución es que sólo a través de la conservación de las especies, de la interacción o la creación de redes, y no a través de la subyugación, podremos evitar un fin prematuro de nuestra especie».

Un organismo que sólo piensa en función de su supervivencia destruirá, invariablemente, su medio ambiente y, por consiguiente, como se puede comprobar actualmente, se destruirá a sí mismo. Las teorías de

Margulis han ayudado enormemente a afianzar una sensibilidad ecológica específica a finales del siglo XX. También han alentado la emergencia de nuevas investigaciones interdisciplinarias en los campos tradicionales de la biología y la geología. En resumen, han aportado mucho a la superación de los rígidos cánones del pensamiento científico clásico.

Si se le pregunta a Lynn Margulis qué es la vida, contesta que es una extraña y parsimoniosa ola haciendo windsurf sobre la materia: «Es un caos artístico controlado, un montón de reacciones químicas de tal complejidad que el viaje iniciado hace casi cuatro mil millones de años continúa ahora en una forma humana, capaz de escribir cartas de amor y de utilizar ordenadores de silicio para calcular la temperatura de la materia cuando nació el Universo». Es una definición muy parecida a la de otro biólogo, Ken Nealson, el principal investigador del Jet Propulsion Laboratory de la NASA, un amigo, como Margulis, admirado y querido desde hace tiempo. «La vida –dice Ken– es una equivocación.»

Yo colaboro, tú colaboras

Si Lynn Margulis tiene razón –pocos se la discuten hoy, pese al revuelo despectivo que levantaron sus primeros hallazgos–, el marco exterior de la búsqueda de sosiego y felicidad de los primeros organismos se desarrolló en una sociedad cooperativa; un escenario que estaba muy lejos de la etapa en la que el metabolismo de otros seres vivos les forzó, millones de años después, a la violencia y la depredación. «Cuando la primera ameba se tragó a una bacteria viva para alimentarse –dice Ken Nealson–, el mundo ya nunca fue el mismo.» Como los humanos, aquella ameba desconocía el proceso de fotosíntesis. A partir de entonces, los organismos podían dar con la felicidad o, por primera vez, enfrentarse a la infelicidad. Se impuso emprender el viaje a la felicidad.

Si se define la endosimbiosis como la colaboración y la interdependencia constructiva, se puede establecer un paralelismo entre los seres humanos y su organización social, recurriendo a la llamada teoría del juego. En la vida corriente, la gente suele pensar que el resultado obtenido es fruto del esfuerzo individual y, como mucho, de la suerte. Pero la historia de la evolución muestra que tanto nosotros

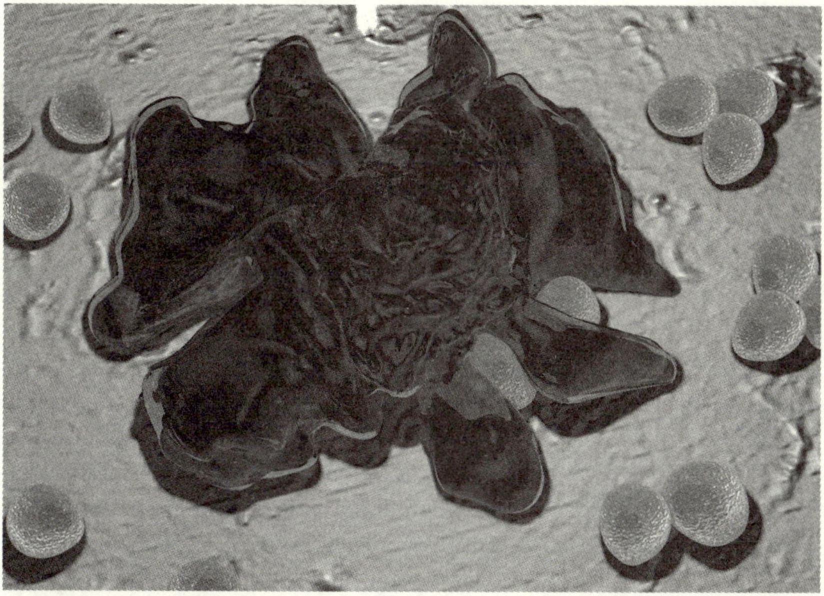

Una ameba comiéndose una levadura. El primer acto de depredación de la historia. Tal como dice Ken Nealson, «a partir de ese momento el mundo ya nunca fue el mismo».

como el resto de los animales estamos inmersos en un «juego» en el que, por más que nos empeñemos en lo contrario, el resultado está supeditado al comportamiento de los demás. El premio anhelado puede ser codiciado por otro con el mismo ahínco pero más suerte. El final del proceso no sólo depende de uno mismo, sino también de lo que haga el otro y, para complicar más las cosas –ésa suele ser una de las constricciones de la vida–, no se pueden controlar las decisiones del socio o adversario. A los participantes en un juego se les pueden plantear varias alternativas que dependerán de las decisiones que tome el otro jugador, y el resultado final puede variar en el abanico que abarca desde ser óptimo para los dos hasta catastrófico para ambos. La teoría del juego se ha aplicado tanto en la guerra como en la paz, en la biología y las empresas, pero ampara igualmente decisiones individuales directamente relacionadas con la búsqueda de la felicidad.

De hecho, existe un modelo clásico que se estudia en todas las escuelas de administración y dirección de empresas que se ha aplicado a diversas disciplinas, el famoso «dilema del prisionero». A veces, en la vida se dan situaciones en las que un empeño absoluto para ganar al otro sin concesiones conduce al desastre para los dos. Es el caso del «dilema del prisionero», cuyos fascinantes entresijos y secuelas han inundado estanterías enteras con libros y reflexiones de los autores más famosos y audaces.

¿En qué consiste el juego? La policía detiene a dos sospechosos de haber atracado un banco. Como no existen suficientes pruebas para condenarlos, separan a los dos imputados y les proponen el mismo trato: si uno se convierte en delator y el otro no confiesa nada, el que no diga nada será condenado a treinta años y el que confiese será absuelto. Si los dos callan, al seguir siendo insuficientes las pruebas, se les condenará a seis meses cada uno por cargos menores como posesión de armas. Si los dos confiesan, se les sentenciará a diez años de cárcel.

Se parte del principio de que los dos sospechosos son completamente egoístas y sólo desean reducir al máximo su condena. Tienen dos opciones: cooperar con su cómplice y callar, o traicionar a su cómplice y confesar. El resultado de cada opción depende a su vez de la opción del otro sospechoso. Sin embargo, ninguno de los dos conoce la decisión de su cómplice. Aunque pudiesen hablar, no podrían confiar el uno en el otro. Si cada prisionero predice que su cómplice callará, la opción personal óptima será la de confesar, ya que quedaría inmediatamente en libertad y el cómplice ingresaría en prisión durante treinta años. Para el que ha traicionado, esta opción es más rentable que la de callar también, puesto que seis meses son una condena leve, aunque es

CUADRO 1
El dilema del prisionero

	Prisionero 1 se declara inocente	**Prisionero 1 confiesa**
Prisionero 2 se declara inocente	6 meses + 6 meses = = 1 año	30 + 0 = (30 años prisionero 2)
Prisionero 2 confiesa	0 + 30 = (30 años prisionero 1)	10 + 10 = = 20 años

peor que salir en libertad inmediatamente. Si el otro prisionero sospecha, como es lógico, que su cómplice confesará o le defraudará, la mejor táctica sería confesar a su vez, ya que evitaría los treinta años de cárcel a cambio de diez años de sentencia para los dos prisioneros. La confesión es la estrategia dominante para ambos prisioneros. La ironía de este resultado radica en que los dos deciden confesar y someterse a diez años de cárcel, aunque podrían haber cooperado, pasando sólo un año en la cárcel entre los dos. Por tanto, en el «dilema del prisionero» la lógica de la búsqueda del máximo beneficio a toda costa lleva a renunciar al beneficio mutuo de la opción cooperadora.

Una de las pocas cosas claras que parecen desprenderse del ingente cúmulo de análisis, en múltiples campos, de la teoría del juego, es que su vigencia es mayor en el mundo biológico de las especies animales que en el comportamiento humano. Consideremos un ejemplo representativo de los dos casos. En el mundo de las especies biológicas la rigidez impuesta por el «dilema del prisionero» aflora con una precisión inaudita, como ocurre con los lagartos de la especie *Uta stansburiana* del sudoeste de Estados Unidos. En esta especie existen tres tipos de machos genéticamente diferenciados: los «algo agresivos» –monógamos que defienden un pequeño territorio–, los «muy agresivos» –polígamos con muchas hembras que defienden su territorio– y los «infiltrados» –no adscritos a ningún territorio y de tamaño más reducido, lo que les permite camuflarse entre las hembras–. Cuando se enfrentan un lagarto polígamo muy agresivo con otro monógamo menos agresivo, gana el primero. Por lógica, podría parecer que los segundos tenderían a desaparecer. Pero mientras los primeros están ocupados en las refriegas con los segundos, los pequeños «infiltrados» copulan con las hembras y aumenta su proporción en la población de lagartos. En cambio, no consiguen penetrar en los pequeños dominios bien vigilados por los lagartos monógamos y algo agresivos. El resultado –como explica el zoólogo David P. Barash, de la Universidad de Washington– es que a los normales les ganan los muy agresivos; a éstos los ganan los infiltrados que, a su vez, pierden frente a los normales. Algo parecido a lo que ocurre con el juego infantil de «piedra, papel o tijera». De manera que, con altibajos constantes, se mantiene el ciclo de la permanencia de tres tipos de lagartos. La supervivencia de cada tipo de macho depende, como siempre, de cómo reaccionen los demás, pero la estrategia viene

Un lagarto de la especie *stansburiana*. Su comportamiento es un ejemplo en el reino animal del dilema del prisionero.

definida por la propia evolución que libera al individuo del cálculo engorroso de determinar su estrategia óptima.

Pero el caso de los humanos es otro. Un especialista en teoría del juego pensó el siguiente experimento. Se daba un cheque de diez euros a nueve personas, que podían elegir entre canjearlo en seguida, quedándose con el dinero, o colaborar con el grupo. La alternativa de la colaboración consistía en renunciar al dinero con la esperanza de que, si por lo menos cinco concursantes hacían lo mismo, recibirían veinte euros: los diez a los que habían renunciado más otros diez de prima. En el teorema, los insolidarios –que optaran por no contribuir– ganarían treinta euros: los diez que se guardaron, más los veinte obtenidos del fruto del esfuerzo cooperativo del resto. La lógica implícita en la racionalidad del dilema del prisionero debería conducir a que todos «confesaran», es decir, que se quedaran con el dinero inicial. Y, no obstante, cuando un grupo de psicólogos experimentales llevó a la práctica este juego, resultó que más de un 60 % de los participantes optaron por la vía de la cooperación, con un matiz sorprendente: el porcentaje podía llegar al 100 % si se ofrecía al grupo la oportunidad de discutir y comunicarse los argumentos a favor y en contra de forma totalmente transparente. En definitiva, si se conseguía hacer aflorar la confianza de cada individuo en la credibilidad del resto. Éstas son, en realidad, las bases psicológicas de la incidencia significativa de una democracia transparente, es decir, preocupada por generar la confianza individual en los estamentos políticos: como se verá en el capítulo 7, al hablar de la influencia negativa del ejercicio abyecto del poder sobre los índices de la felicidad.

Por tanto, el dilema del prisionero es interesante no sólo para las ciencias biológicas –la etología y la biología evolutiva–, sino también para las ciencias sociales –la economía, las ciencias políticas, la sociología y la psicología–. Los equivalentes modernos de esta situación son la reducción de la biodiversidad, el agotamiento de los combustibles fósiles de energía, la polución de las reservas de agua y de la atmósfera, la carrera armamentística, la destrucción de los bosques, la pesca indiscriminada, el uso del automóvil privado colapsando las vías públicas, tirar basura a la calle, la caza furtiva, el correo electrónico basura (el llamado *spam*), o el crecimiento incontrolado de la población. Existen dos ejemplos clásicos muy conocidos y otro apenas comentado, pero de trascendencia parecida, que conviene recordar.

CASO 1
Ciclismo

Imaginemos a dos ciclistas en la cabeza del *Tour* de Francia, en plena carrera, con el pelotón a mucha distancia. Los dos ciclistas suelen entrenar juntos (cooperación mutua), dividiéndose la carga de la posición de cabeza, donde no pueden protegerse del viento. Si ninguno de los dos se mantiene al frente (los dos se escaquean), el pelotón les alcanzará. Una situación corriente es la del ciclista que asume el trabajo en solitario (cooperativamente), ayudando a mantenerse al que va a su estela por delante del pelotón. Sin embargo, el resultado suele ser la victoria del segundo ciclista (que se escaquea), ya que está resguardado del viento gracias al esfuerzo del primero.

CASO 2
La tragedia de los commons

Es una metáfora que ilustra el conflicto entre el interés individual y el bien común. Lo acuñó Garrett Hardin en su artículo «The tragedy of the commons», publicado en la revista *Science* en 1968. Hardin utiliza el ejemplo de los parques comunitarios, unos prados de uso común para todos los campesinos de un pueblo. Si todos los granjeros ponen más y más animales en el prado comunal, porque no les cuesta nada, al cabo de unos años la tierra se volverá árida, el prado ya no podrá ser utilizado y el pueblo desaparecerá. La causa de la tragedia de los *commons* es que cuando los individuos hacen uso de un bien público, no asumen individualmente el coste real de sus acciones. Si una persona intenta maximizar su interés personal, deriva parte del coste real de sus acciones al resto de la comunidad.

La mejor estrategia no cooperativa para un individuo consiste en intentar maximizar la explotación de un bien o servicio común. Si la mayoría de individuos siguen esta política, el bien o servicio público se sobreexplota. El efecto negativo de un individuo sobre el bien común es muy débil, pero la suma de todos los actores contribuye a degradar el medio de forma inexorable. Esta metáfora ha sido objeto de intensas controversias, ya que no está tan claro que los individuos tiendan a seguir esta táctica de sobreexplotación en determinadas situaciones. Como se ha mostrado en otras ocasiones, existen experimentos con conclusiones contradictorias. A veces, en determinadas circunstancias, los seres humanos pueden actuar de forma más cooperativa de lo que cabría esperar en función de sus intereses puramente personales.

CASO 3
Los jugadores novatos

Otra idea interesante en este sentido procede del campo de la psicología. Las estadísticas demuestran que los jugadores novatos suelen tener experiencias de juego atípicas, exageradamente positivas o negativas. Cuanto más inexperto es un jugador, más cambia su juego en función de los demás jugadores. Este principio explica, en parte, por qué en los años de formación las experiencias de los jóvenes son tan importantes, ya que son particularmente vulnerables a los abusos y es fácil que se conviertan en abusadores si han sufrido esas experiencias negativas. De ahí que podrían reducirse las probabilidades de hacer trampa en una población si se incrementara la experiencia de cooperación entre los jugadores, generando confianza en la creencia de que la cooperación es más segura. Si esto es cierto, tendría muchas implicaciones en el modelo educativo, como preguntarse ¿es adecuado un sistema educativo puramente competitivo si se quiere fomentar una sociedad cooperativa?

De una sociedad competitiva a otra de cooperación

Al decir competir, me refiero a una situación en la que dos individuos luchan por el mismo bien. Uno lo consigue y el otro no. Hay un ganador absoluto y un perdedor absoluto. Por el contrario, cuando se habla de colaborar o cooperar, se trata de aplicar cierta justicia, de atender todas las necesidades existentes. El modelo cooperativo no es un modelo rígido, sino que se adapta a las necesidades. El modelo competitivo, en cambio, es un modelo donde siempre prima el que gana y es, por tanto, excluyente. Y prima el que gana sin importar el precio que paga él o su medio –en principio no existen límites a los destrozos que puede ocasionar el ganador–. Ganar es lo importante. Si existen límites, son impuestos por la sociedad y considerados obstáculos incómodos por parte del ganador. El ganador tiene entonces dos retos: su interés personal y el propio afán de ganar, que se convierte en parte del juego y pasa a ser un fin en sí mismo.

El modelo competitivo es un modelo que no requiere empatía con las necesidades o las emociones de los demás. No existe una escala de valores sino una escala de resultados. Otro problema del sistema competitivo es que para ganar deprisa y repetidas veces no se piensa a largo plazo. Se forman jugadores a corto plazo. Se persiguen pequeños objetivos para mañana o pasado mañana, generando, finalmente, frustración a la larga. El sistema educativo actual refleja los valores y los criterios organizativos de nuestra sociedad, pero, en realidad, ¿es útil para la sociedad crear un modelo así?

El modelo educativo imperante consiste en encerrar en un espacio reducido a un grupo de niños de la misma edad para que desarrollen exactamente las mismas aptitudes: treinta niños escuchando a un maestro sentando cátedra sobre lo que él sabe, más que sobre lo que a ellos les puede interesar y necesitan aprender para situarse más tarde en la vida. Se trata de amoldarlos a un modelo concreto; no de una convivencia entre una variedad de personas de edades y aptitudes variadas, desarrollando caminos personales y colaborando entre sí para ayudarse mutuamente y como grupo. Los avances realizados en la digitalización de los bancos de datos y conocimientos permitirán, con el tiempo, individualizar la oferta educativa, en lugar de digitalizar lo obsoleto, como ocurre en la mayoría de centros educativos.

Este modelo cerrado crea, inevitablemente, condiciones competitivas extremas. Los niños se comparan constantemente unos con otros. No aprenden a apoyarse, a colaborar ni a dividirse las tareas. Todos sirven para lo mismo, llevan a cabo tareas idénticas; no aportan nada específico al grupo, ni desarrollan sus cualidades personales, ni valoran las diferencias, ni se responsabilizan de su entorno, sus compañeros o su propio aprendizaje, y compiten por la atención del mismo profesor. Si se pretende formar adultos que sepan colaborar, éste es el peor sistema posible.

Los niños extraen de las comparaciones sus conceptos de normalidad y de éxito. Y, sin embargo, de entrada se sabe que en el mundo adulto uno de los grandes escollos para ser feliz es la manía de compararse con los demás, que genera frustración e inseguridad. Es decir, que el sistema educativo no sólo enseña a los niños a competir, sino a competir con los más allegados y a compararse en todos los sentidos. ¿A quién se le dan mejor las «mates»? ¿Quién se viste de determinada manera? ¿Quién es más guapo, más popular? ¿Quién se lleva mejor con el «profe»? Los niños crecen en un ambiente cerrado, excesivamente comparativo y competitivo.

Muchos docentes y padres intuyen que existen problemas graves en el modelo educativo y desconfían de él, buscando alternativas para desactivar su parte más brutal. Piensan que conviene, por ejemplo, anular las evaluaciones para evitar las comparaciones lesivas. Pero si se resta importancia a los logros académicos pero se mantiene el entorno competitivo y comparativo, no se desactiva la parte negativa del sistema, ya que los niños siguen compitiendo, aunque exclusivamente centrados en comparaciones personales que, en casos extremos, pueden derivar en conductas de acoso escolar. Se mantiene, pues, el foco destructivo de la competitividad, desplazando su influencia hacia donde más daño puede hacer: hacia el ámbito personal. Se crea un entorno asfixiante y artificial, necesariamente competitivo en el peor sentido de la palabra, y luego se dejan los parámetros para medirse en manos de los propios niños. En contrapartida, se deja ciego al sistema porque ya no puede evaluar su propia eficacia o sugerir al niño pautas de superación y de competencia académica. En suma, evitar las evaluaciones académicas no impedirá que el niño viva en un ambiente competitivo. Para esto, habría que cambiar las bases del propio sistema. Es necesario idear un sistema educativo capaz de fomentar los valores de colaboración, cosa que sólo se consigue si los jugadores, los niños en este caso, llegan a confiar en el resto y en que, a largo plazo, les resultará más beneficioso colaborar que competir.

Si Lynn Margulis está en lo cierto al definir el concepto de endosimbiosis, la misión fundamental del sistema educativo debería ser, pues, sentar las bases psicológicas de la colaboración, ya que ninguna sociedad podrá dar cauce a la lógica cooperativa si su sistema educativo no enseña a pensarlo. En esa contradicción entre lo instintivo y lo lógico por una parte, y los modelos impuestos desde fuera en los años de formación, por otra, se fraguan, con toda probabilidad, gran parte de las tensiones emocionales que más tarde se encontrarán en el viaje a la felicidad.

No es indiferente, pues, lo que ocurre fuera de uno mismo. La inercia de las decisiones implícitas en el dilema del prisionero, o los esquemas contrarios a la colaboración impuestos por los sistemas educativos, harán mella en el tinglado emocional. Pero con vistas a que el lector no olvide la trascendencia –ni siquiera inmediatamente después de haber comprobado la importancia de algunos factores externos– de los mecanismos interiores que configuran la felicidad, recordaremos otros resultados específicos de experimentos realizados por el grupo de psicólogos que más tiempo e inteligencia ha dedicado al estudio de la felicidad –con la salvedad, tal vez, de Martin Seligman–. Se trata de

Daniel Gilbert, de la Universidad de Harvard; el premio Nobel de Economía y psicólogo Daniel Kahneman, de la Universidad de Princeton; el psicólogo Tim Wilson, de la Universidad de Virginia, y el economista George Loewenstein, de la Universidad Carnegie-Mellon. Sus investigaciones han puesto de manifiesto la existencia de dos brechas o déficit en los llamados pronósticos afectivos. Por una parte, al pronosticar la intensidad de la felicidad que aportará un determinado bien o acontecimiento futuro, siempre se sobrestima. De la misma manera, se suele exagerar el grado de infelicidad que provocará una desgracia anticipada. Por otra parte, la segunda hipótesis explica que también somos un desastre a la hora de desembarazarnos del acoso de una carga emocional. No sabemos cómo transportarnos mentalmente a otro estado anímico menos violentado, más frío, que nos permita tomar otras decisiones.

Una persona puede ser más distinta de sí misma en dos períodos diferentes de su vida anímica que de otra persona. Este déficit de empatía consigo mismo en distintos momentos de la vida es particularmente visible en situaciones de sexo con riesgo. En el primer caso –el de los errores de pronóstico afectivos– se pone de manifiesto el poderío de los mecanismos automáticos internos para adaptarse a las circunstancias, es decir la prevalencia de los mecanismos reguladores del cerebro sobre el supuesto estímulo externo de la felicidad. Con el transcurso del tiempo, el sistema emocional se adapta o mediatiza el impacto de la compra del coche deseado, el viaje anhelado o la boda esperada. De ahí que siempre se cometan errores en los pronósticos afectivos. En el segundo caso, se trata, simplemente, de una versión más moderna y cotidiana del predominio de la amígdala sobre el neocórtex. Cualquier tipo de estímulo exterior de la felicidad deberá pasar por las horcas claudinas del sistema límbico, a veces en forma de brechas de impacto y empatía, y otras en el llamado punto de inflexión genético que se analizará a continuación.

Todo el mundo nace con una estatura determinada y un punto límite de inflexión en el peso y también en el nivel de felicidad. Generalmente se acepta más fácilmente el condicionamiento genético –mayoritario pero no exclusivo– de la estatura que no del propio peso o la felicidad. Se sabe que es muy aleatorio controlar la estatura, pero todo el mundo cree a pies juntillas que puede controlar su peso o su felicidad. La realidad es que la genética se impone a las dietas en un porcentaje abrumador, y a la felicidad en un 50 %, aproximadamente. Lo sorprendente de este último caso no es tanto el condicionamiento genético como el hecho asombroso de que su incidencia sólo sea la mitad, es decir, mucho menos determinante que en el caso de la estatura o el peso. Este amplio margen de maniobra del individuo –en plena era del control biológico– explica el denso despliegue de opiniones científicas y no científicas sobre el tema de la felicidad.

Los grandes mitos

Ha llegado la hora de abordar los condicionantes externos de la felicidad, infinitamente más populares y comprensibles que los imperativos de cooperación que se desprenden de la historia de la evolución a los que se ha hecho referencia antes. Sin embargo, estos factores no son necesariamente más relevantes. De hecho, como entenderá perfectamente el lector, en contra del parecer mayoritario, muchos de estos factores –que agrupamos bajo el epígrafe de grandes mitos– se podrían calificar de neutros. La novedad, en este caso, no es su importancia sino su neutralidad en la búsqueda de la felicidad. Los mitos, claro está, son el trabajo, la salud, la familia, la educación y el grupo étnico.

EL PRIMER MITO: EL TRABAJO

El trabajo está peor distribuido que la riqueza. Un 10 % de la población europea en edad de trabajar no tiene un puesto de trabajo, aunque Europa es una de las áreas con mayores índices de ocupación del mundo. Entre los que tienen trabajo, las diferencias de intensidad y de horarios laborales son inmensas. Y más importante todavía, a mucha gente no le gusta su trabajo. Es difícil, pues, que lo dicho sobre las relaciones entre el trabajo y la felicidad sea verdad para el promedio de la población. Una vez constatada esta salvedad importante, cabe sugerir las siguientes conclusiones.

Primera: De las grandes encuestas realizadas en todo el mundo, no se puede inferir que el trabajo tenga un impacto superior en los niveles de felicidad que el promedio de otros factores externos. Es más, ninguna de las pruebas en torno a los factores externos de la felicidad da resultados tan ambiguos y contradictorios como los del trabajo. En el trabajo se pueden conjugar el éxito del aprendizaje, el perfeccionamiento de las habilidades propias y el ejercicio del control, ocasionando momentos muy felices, o puede ser el lugar donde peor se pasa y que no se añora nunca. Con todo, no se puede concebir una situación peor que la de no tener trabajo en perspectiva. En este caso, tal vez, porque ni siquiera existe la posibilidad de aplicar las propias aptitudes a nada.

Segunda: La progresiva automatización de los procesos de producción, la creciente separación entre las zonas residenciales y los centros de trabajo, la deslocalización y la creciente burocratización de las tareas productivas o, simplemente, el recuerdo de la maldición bíblica o el peso de la historia del pensamiento sobre el trabajo por cuenta ajena, le han restado el atractivo necesario para convertirlo en el centro donde ejercer el impulso competitivo de supervivencia que había caracterizado siempre a los homínidos.

El lector tiene perfecto derecho a querer aclarar una contradicción que salta a la vista. ¿En qué quedamos? ¿La historia de la evolución muestra la evidencia de una trama cooperativa entre sus agentes, o un impulso declarado de competitividad que nutre la selección natural? La respuesta es menos compleja de lo que aparenta. Los dos principios están presentes en la historia de la evolución, el primero referido, fundamentalmente, a los organismos, y el segundo a las especies. El impulso innato de competitividad no está reñido con actuaciones de colaboración por motivos estrictamente egoístas cuando la propia supervivencia lo exige. Los dos principios constituyen aspectos distintos de la selección natural darwiniana. En ningún caso se puede subestimar la necesidad evolutiva de disponer de un escenario donde ejercer adecuadamente el impulso ancestral de competitividad, ya sea en la persecución de una presa que muchos codician, en la búsqueda de la belleza que diseñan muchos, en la fabricación de un producto que varias naciones destinan a un mismo mercado, en la adaptación de ideas dispares, incluidas las religiosas, a su entorno, o en las diferentes tribus o familias que compiten por el mismo territorio.

De hecho, una de las principales fuentes del aumento de la ansiedad y la depresión que constatan los especialistas, junto al aumento del bienestar económico, puede residir en la continuada pérdida de esplendor de los teatros tradicionales donde se interpretaba el impulso de competitividad: las naciones, las religiones, la familia y el trabajo. Muchos trabajos no sólo han perdido su creatividad de antaño y se desarrollan en espacios nada seductores, llenos de gente tóxica que contamina el ambiente con su incapacidad para trabajar en equipo o con sus psicopatías, sino que prevalece una creciente sensación de impotencia para incidir en el perfil del producto, la empresa, la sociedad o lo que ocurre en el resto del mundo. Se han desdeñado de manera escalofriante las consecuencias de no poder ejercer el instinto primario de competición, que se remonta a los tiempos primordiales de la especie. Entre estas consecuencias figura, por supuesto, la derivación casi exclusiva del espíritu de competitividad hacia otros teatros ajenos, como los deportes colectivos.

Tercera: Como se avanzaba en el capítulo anterior al comentar el experimento sobre la «impotencia aprendida», el efecto sobre el sistema inmunitario y emocional de una situación en la que no se controlan en absoluto los acontecimientos es sencillamente catastrófico. Si en el puesto de trabajo impera la convicción de que, hagas lo que hagas, no tiene ninguna relevancia para tu futuro individual y colectivo, los niveles de felicidad se verán afectados.

Por último, el único descubrimiento positivo reciente sobre la relación entre el trabajo y el nivel de felicidad es la constatación de los beneficios innegables que dimanan de aplicar al trabajo las propias virtudes o habilidades. Una vez asumido que el trabajo está mal repartido, si el sujeto consigue aplicar a un trabajo poco satisfactorio algunas de sus cualidades innatas o adquiridas, su nivel de bienestar y satisfacción aumentará. Valga como ejemplo el de un conocido mío que es recepcionista de una entidad bancaria y se las apaña para ejercer, por lo menos parcialmente, sus grandes dotes de comunicador. En cierto modo, me recuerda la anécdota del lagarto mexicano que me contó en una ocasión Seligman para convencerme de que no existen atajos para la gratificación. El lagarto se lo habían regalado a Julian James, un doctor amigo suyo, compañero de la universidad. El reptil mexicano estuvo a punto de morir de inanición a pesar de los esfuerzos de su nuevo dueño por alimentarle con frutas tropicales, que el lagarto despreciaba olímpicamente, desde su atalaya... Hasta que un día, por casualidad, cayó a su lado un bocadillo cuidadosamente envuelto en papel de plata que le obligó a ejercer sus dotes de rastreador nato. Para alcanzar el bocadillo escondido en el envoltorio, el lagarto no tuvo más remedio que aplicar su competencia innata. «Esos lagartos –añadió Seligman– ni comen ni copulan a menos que hayan usado los puntos fuertes más importantes del repertorio que les ha dado la evolución. Y nosotros también somos así: no creo que podamos tener gratificación mediante atajos.»

EL SEGUNDO MITO: LA SALUD

El siguiente factor externo de la felicidad que también lleva a engaño es la salud individual. Un clamor general le atribuye, equivocadamente, una influencia decisiva que sólo se explica partiendo de la ambigüedad implícita en las dos definiciones de salud más exitosas que conozco: la de la Organización Mundial de la Salud, que la define como «un estado completo de bienestar físico, mental y social y no sólo la ausencia de afecciones y enfermedades», y la definición, todavía más optimista y poética si cabe, propuesta en el décimo congreso de médicos y biólogos en lengua catalana, que entienden la salud como «una forma de vida autónoma, solidaria y gozosa».

Pero la verdad es que todos los experimentos y encuestas realizados demuestran que sólo las enfermedades particularmente graves tienen un impacto negativo en las tasas de felicidad. Las condiciones objetivas de salud no influyen demasiado sobre la felicidad, a diferencia de la salud mental y los sentimientos. Mucha gente da por sentada su buena salud y no se siente más feliz por ello, mientras que la gran mayoría de enfermos suele soportar con entereza sus problemas sanitarios –incluso un porcentaje elevado de tetrapléjicos consiguen, con el tiempo, recuperar un estado anímico compatible con su difícil entorno–. En cambio, los hipocondríacos se aferran a la miseria de su infelicidad aunque gocen de buena salud.

En una visita al espléndido Museo de la Guerra de Londres, recuerdo la reproducción de la escena real de un soldado saliendo repentinamente de una trinchera, durante la Primera Guerra Mundial, para atacar en solitario al enemigo. La escena nocturna, con el fragor del estallido ininterrumpido de las bombas al fondo, recrea incluso el olor característico de las trincheras con un realismo sobrecogedor. De inmediato me asaltó la pregunta: ¿qué resortes podían mover al soldado a arriesgar su vida de esta manera? Preservar su salud no debía figurar, desde luego, en su tabla motivacional. En el extremo opuesto está la situación en la que se estimula el proceso automático de la risa haciendo cosquillas. Se caerá en la cuenta de que es común identificar como las partes más sensibles del cuerpo la palma de la mano o la axila. Pero a nadie se le ocurre elegir el lugar más sensible de todos, el cuello, por una razón muy sencilla: tocar por sorpresa el cuello de una persona, lejos de causarle risa, activa una reacción brusca de autodefensa. Ni en pleno trance de la risa se abandona la idea de sobrevivir. Cuando una manada de antílopes huye de la persecución de una leona, el principal adversario del más rezagado no es la leona, sino el antílope que corre más deprisa. Ahora bien, los antílopes no están preocupados por su salud, sino por salvar la vida. Cuando nuestros antepasados se quedaban paralizados y con los pelos de punta ante el ataque de una hiena –era la postura óptima para tener alguna posibilidad de no entrar en el campo visual de la fiera–, no pensaban en su salud, sino en su supervivencia.

Quisiera relatar un recuerdo personal que ilustra lo dicho. El intento, felizmente fallido, de secuestro y golpe de Estado del 23 de febrero de 1980 me pilló dentro del Congreso de los Diputados. De todos los presentes en el recinto constitucional, sólo tres personas no se tiraron al suelo, violando las instrucciones a gritos de los sublevados que disparaban al aire con las armas en la mano.

–¿Qué pensaste en aquel momento, Eduardo? –me preguntó, tiempo después, mi compañero de escaño, el entonces ministro Pío Cabanillas, un hombre para quien la inteligencia y el sentido del humor eran inextricables.

–¿Cómo es posible que habiendo estado veinte años fuera de España se me ocurriera regresar en este preciso momento? –fue mi respuesta.

Pero años después, a solas, reflexionando sobre aquella tarde y noche –seguramente intentando desentrañar algo que nunca dejó de interesarme: por qué sólo el presidente Adolfo Suárez, el general Gutiérrez Mellado y Santiago Carrillo permanecieron sentados–, recordé qué estuve pensando: en un juego puramente geométrico. Echado en el suelo, protegiéndome las sienes con las manos de las balas perdidas, mi mente estaba concentrada en resolver un juego: ¿por cuál de los resquicios entre el pulgar y el índice, el índice y el corazón, el corazón y el anular, o el anular y el meñique penetraría la bala? Más de una década después, mis amigos neurólogos me dieron la clave de la actitud de Suárez, Gutiérrez Mellado y Carrillo: los tres recurrieron a su cualidad innata más sobresaliente. Con toda probabilidad, su valentía se había fortalecido a lo largo de años de entrenamiento en situaciones límite, unos años que, cada uno en su campo, les habían preparado para que las sugerencias de la razón prevalecieran, excepcionalmente, sobre el inconsciente.

Lo interesante de estos ejemplos es que en ninguno de ellos aparecen reflejos de salud. La constante son los mecanismos emocionales destinados a proteger la vida, a garantizar la supervivencia. En nuestro sistema emocional no tenemos construidos los resortes para proteger la salud, sino la vida. Incluso el instinto de repugnancia ante la ingestión de sustancias podridas está más encaminado a preservar la vida que la salud. Es lógico que, en una especie con una esperanza de vida de tan sólo treinta años hasta hace muy poco, ni la salud ni la búsqueda de la felicidad fueran objetivos suficientemente necesarios para destinarles los escasos recursos que absorbían, casi exclusivamente, la salvaguardia de la vida y la perpetuación de la especie. El cuidado de la salud es una tarea que empieza justamente ahora, con la súbita triplicación de la esperanza de vida, que aún no ha dejado rastro en nuestro sistema emocional. Por tanto, que nadie busque, por ahora, huellas o pruebas de las relaciones entre la salud y la felicidad.

Todo lo anterior no es óbice para que las enfermedades sean el indicador óptimo de las desigualdades sociales. Los estudios realizados a lo largo de treinta años por Michael Marmot demuestran, justamente, lo que Robert Sapolsky puso de manifiesto respecto a los primates: la salud –y no sólo de los pobres– depende del lugar ocupado en la jerarquía social.

EL TERCER MITO: LA FAMILIA

Se trata de otra muestra de cómo los deseos o las creencias pueden estar en contradicción con la realidad. Aunque se suela decir que los niños son una de las mayores fuentes de alegría de la vida, las investigaciones recientes revelan que cuidar de los niños no es ni divertido, ni contribuye significativamente a la escala de felicidad, sino al contrario. «Si contabilizamos todo el tiempo que los padres pasan con sus hijos –dice Norbert Schwarz, catedrático de Psicología de la Universidad de Michigan–, el cuadro no es muy positivo. En la escala de preferencias de Kahneman, educar a los hijos figura detrás de llevar una vida social, comer, ver la televisión o hacer la siesta, entre otros. De hecho, cuidar de la prole es una tarea obligatoria y el ánimo que muestra la gente cuando se ocupa de realizar dicha tarea no es particularmente positivo si se compara con otras actividades.» En cambio, se suele disfrutar mucho más de lo que se está dispuesto a admitir al principio del tiempo pasado con otros familiares. Tal vez los niños, como el sexo, representen ideales que inspiran y movilizan al ser humano, pero que a menudo no cumplen las expectativas generadas, o sólo las cumplen de forma ocasional o parcial.

Pero sigamos con otros temas polémicos que forman parte del tercer mito familiar: el divorcio. Un estudio reciente llevado a cabo por la Universidad de Chicago contradice la creencia popular según la cual el divorcio siempre hace más felices a los cónyuges en crisis. La realidad es más sutil: sólo la mitad de los divorciados dicen ser felices cinco años después de su divorcio, frente al grupo que aguantó estoicamente su crisis matrimonial, del cual dos tercios es feliz cinco años más tarde. Curiosamente, de las mayores crisis pueden esperarse los cambios más positivos. Así, el 80 % de la facción más descontenta del grupo en crisis superó sus diferencias cinco años más tarde, alcanzando el porcentaje más elevado del conjunto. El estudio también concluye que el divorcio no reduce los síntomas de depresión, ni mejora la autoestima en comparación con los que siguen casados.

EL CUARTO MITO: EL DINERO

Aunque esta variable será objeto de un análisis más detallado en el capítulo 7, al estudiar las formas programadas o los atajos de la felicidad, adelantamos aquí la conclusión principal. Todas las investigaciones realizadas hasta la fecha apuntan al mismo resultado: por debajo de los niveles medios de subsistencia, es decir, cuando los niveles de renta no alcanzan el mínimo imprescindible para sobrevivir, el dinero da la felicidad. Aparentemente, esta forma de alcanzar la felicidad es muy atractiva, ya que supone que la felicidad es un bien que se puede comprar. Sin embargo, existen dos limitaciones que cuestionan la capacidad del consumismo de dar felicidad. Por una parte, resulta que a medida que aumenta el nivel de la renta, también crece el nivel considerado necesario para volver a sentir placer. Y, por otra parte, la tendencia a compararnos socialmente con los demás genera grandes dosis de frustración que la escalada del dinero no puede apaciguar.

De ahí que a partir de los niveles de renta situados en el promedio social resulte imposible establecer una correlación positiva entre el aumento de renta y el de la felicidad. Es más, como señala, entre otros, Daniel Gilbert, catedrático de Psicología de la Universidad de Harvard, la ampliación de la gama de elección que ofrece un poder adquisitivo mayor genera más ansiedad a la hora de elegir y un sentimiento de zozobra después de la elección, al temer haberse equivocado. En suma, generalmente el aumento del poder adquisitivo no significa que se sea más feliz, sino que a veces incluso afecta negativamente al nivel de felicidad.

EL QUINTO MITO: LA EDUCACIÓN

La educación puede determinar la estabilidad emocional y la capacidad innovadora del grupo al que se transmite el conocimiento. En un capítulo anterior se analizaron los defectos de un sistema educativo centrado exclusivamente en el impulso innato de la competitividad, en detrimento de la práctica de colaborar heredada de la historia de la evolución. Pero cuando se trata de correlacionar los niveles individuales de educación y los niveles de felicidad, los datos, de nuevo, no dan la razón a nadie. Los investigadores de la escala de bienestar aseguran que la capacidad de disfrute de los encuestados no sólo no está demasiado condicionada por su nivel educativo, sino que otros factores como el temperamento o la calidad del sueño son mucho más determinantes. No se está descubriendo nada nuevo. ¿Quién no ha conocido algún erudito tóxico? Cuando me encuentro con uno de ellos, siempre me acuerdo del *iaio* Monget, que a sus setenta años aún cultivaba la vid y la huerta y contemplaba el fluir del río desde una silla de mimbre delante de la puerta de su casa, en su pueblo natal de Vilella Baixa. ¿Quién es más feliz y sabio? El *iaio* Monget, claro.

Pero existe otra razón que explica la sorprendente ausencia de correlación entre la formación teórica o académica y la felicidad, a la que apuntaba en un libro anterior titulado *Adaptarse a la marea*. «Desgraciadamente, para aprender y tomar decisiones sólo contamos con el conocimiento genético, el revelado, el aprendido y el científico. No existen otros.»

El primero salvó muchas vidas de nuestros antepasados. Gracias al miedo instintivo a las serpientes y a las arañas, fueran o no venenosas, el autor de este libro y sus lectores pueden reflexionar conjuntamente. Sin ese conocimiento genético, nuestros antepasados no habrían sobrevivido ni nosotros hubiéramos nacido. Pero todos convendrán conmigo que en la Quinta Avenida de Nueva York, en el Paseo de Gracia de Barcelona o en la Puerta de Alcalá de Madrid este conocimiento resulta bastante irrelevante.

Descartemos el conocimiento revelado, puesto que sólo está dirigido a los que lo aceptan como tal, que no representan la inmensa mayoría, y no todos los que comulgan con él tienen el mismo grado de formación. El conocimiento aprendido, el que nos han enseñado en la escuela, es, en su mayor parte, infundado. Basten algunos ejemplos a título de recordatorio: «estamos programados para morir» –reza el conocimiento aprendido–, pero los genetistas todavía no han encontrado el gen diseñado para producir la muerte del organismo. El envejecimiento y la muerte se desencadenan cuando en la lucha entre las agresiones a nuestro entramado celular y los esfuerzos reparadores y regeneradores prevalecen las primeras. Ningún gen determina que esta contienda deba tener un fin tan acelerado. Otro ejemplo: todos mis amigos físicos me dicen, «Eduardo, un 90% de la realidad es invisible», mientras que casi todos los empresarios se comportan como si sólo se les escapara un 10% de la realidad y conocieran muy bien el 90% de sus proyectos. ¡Qué raro que la verdad del Universo no sea verdad en nuestra vida particular! Y un último ejemplo: de pequeño me enseñaron que la mujer procedía de una costilla de Adán, aunque mis amigos biólogos moleculares, como Margarita Augier, de Washington DC, me dicen lo contrario, es decir, que, en realidad, los hombres nacemos del feto femenino. La lista es interminable, pero es fácil llegar a la conclusión de que la mayor parte del conocimiento aprendido es infundado.

¿Qué decir respecto al conocimiento científico? Probablemente, la irrupción del conocimiento científico en la cultura popular será el acontecimiento más revolucionario de los últimos dos siglos. Se trata de un conocimiento extremadamente humilde, porque está sometido a la experimentación y la prueba y no caben grandes pronunciamientos basados en la fe o la autoridad divina. Es un conocimiento fundado, primordialmente, en preguntar a la naturaleza en lugar de a las personas. ¿Por qué se produce el calentamiento del planeta? ¿Por qué un tumor cancerígeno se comporta como una célula terrorista que no escucha al resto de la comunidad de la que forma parte y sigue dispuesta, erre que erre, a que el andamio –su propio andamio, que la cobija– se desmorone? ¿Qué tipo de comunicación se establece entre el cerebro heredado de los reptiles y las capas desarrolladas después en el neocórtex? Por último, el conocimiento científico aspira siempre a evaluar y cuantificar lo que está ocurriendo. Existen pruebas suficientes de que este tipo de conocimiento se adapta mejor a las aspiraciones de la especie humana que los anteriores, pero aún es muy tierno, es extremadamente joven y necesita tiempo para consolidarse. No es extraño que el nivel de educación y el de felicidad apenas estén correlacionados. Hasta hoy, la educación ha versado, fundamentalmente, sobre los otros tipos de conocimiento. Es probable que dentro de un millar de años –los cambios culturales, como saben los paleontólogos, son de una morosidad extrema– surjan, por fin, paralelismos entre las líneas de la felicidad y del conocimiento.

EL ÚLTIMO MITO: EL GRUPO ÉTNICO

Mi yerno, Carlos Moro, conoce tan profundamente la India como su hermano Javier, su tío Dominique Lapièrre y la hija de éste, todos ellos escritores implicados de alguna manera con la fundación para leprosos patrocinada por el patriarca. En más de una ocasión les he oído decir que, a pesar de su extrema pobreza, los indios son más felices que la mayoría de europeos. No es la primera vez que oigo esta opinión. ¿Determina la pertenencia a un grupo étnico las relaciones específicas de este grupo con la felicidad?

¿Qué se entiende por grupo étnico? Nada menos que un 85 % de las existencias globales de variantes genéticas se pueden encontrar en el seno de una misma población, ya sean etíopes o franceses. Eso ha conducido a una de las revelaciones antropológicas más importantes de este siglo: la gran mayoría de variantes no siguen la pauta, ni mucho menos, de lo que se entendía por razas en el pasado. Un 8 % de estas variantes genéticas explicaría las diferentes apariencias nacionales entre, pongamos por caso, un ruso y un español. Sólo quedaría un 7 % de variantes que deberían explicar por qué los nacidos en un continente tienen los ojos rasgados y los otros no, por ejemplo. No basta con atribuir únicamente la diferencia étnica continental a la disparidad de climas. Puede ser cierto que el origen de los ojos rasgados sea un clima ventoso y frío que obligaba a sus moradores a proteger sus retinas manteniendo los ojos semicerrados. La causa pudo ser ésta, pero el mecanismo de la selección natural habría pasado, necesariamente, por mutaciones genéticas aleatorias. Los genes de personas con esta mutación gozarían de una ventaja adaptativa con relación al resto que acabaría convirtiendo a ese tipo de mutantes en mayoritarios en las existencias genéticas. A estas variantes se las conoce con el nombre de «marcadores informativos ancestrales». Aunque los científicos han empezado a estudiarlas con el propósito de hallar las bases genéticas de determinadas enfermedades, como la diabetes de tipo 2, que se extiende más en unos continentes que en otros, la realidad es que el miedo legítimo a alimentar los vestigios racistas ha alejado muchos recursos e inteligencias de esta vía de investigación.

El resultado de lo anterior es que si la ciencia todavía está muy lejos de poder asignar marcadores informativos ancestrales al origen de determinadas enfermedades diferenciadas por continentes, aún resulta más remota la posibilidad de identificar las causas genéticas de comportamientos distintos durante el viaje a la felicidad de etnias dispares. Sencillamente, la ciencia ni siquiera tiene un argumento o dato al respecto. Hasta que no se demuestre lo contrario, el escritor Dominique Lapièrre, como muchos lectores de vuelta de un viaje a la India, puede seguir manteniendo, sin que nadie pueda rebatir científicamente sus argumentos, que la vida en aquel subcontinente, o más probablemente la influencia del budismo y el yoga en la búsqueda de la paz interior, sí muestra una relación superior al promedio mundial entre la felicidad y el grupo étnico, más allá de las catástrofes naturales o la pobreza.

¿Cuál es el momento más feliz de la vida de una especie de lepidópteros reflectantes característicos de Tailandia? Todas las noches, en los ríos de Tailandia que llevan al mar, miles de mariposas macho se concentran en las ramas de los árboles y comienzan a emitir ráfagas de luz. Al comienzo lo hacen de forma totalmente desordenada. Emiten sus fogonazos en plena noche de manera aleatoria. Sus emisiones empiezan por grupos pequeños de tres o cuatro hasta que al cabo de una hora, aproximadamente, miles de mariposas, a lo largo de más de un kilómetro, se han coordinado para desprender de manera sincronizada sus destellos de luz. Si nos pudiéramos poner en la piel de aquellos lepidópteros descubriríamos, con toda seguridad, que ese preciso instante es el más feliz de todo el día. La mariposa en cuestión no sólo emite luz, sino que también puede ver y su sistema nervioso se ajusta de manera inconsciente para acelerar o retrasar su controlador interno en cuanto atisba un destello de luz, hasta que se produce la armonía de todo el colectivo.

A finales de la década de los setenta, una mujer llamada Geneviève Sweats observó que cada verano, cuando regresaba de la universidad para pasar las vacaciones con su familia, el ciclo menstrual de sus hermanas se sincronizaba con el suyo. Cuando los científicos estudiaron el caso descubrieron la existencia de una sustancia química, perfectamente inodora, que se generaba en la axila de Geneviève, y decidieron realizar el siguiente experimento. Con un algodón recogieron muestras de la sustancia química y luego se la aplicaron suavemente en el labio superior de otras mujeres situadas a miles de kilómetros de distancia, sin parentesco alguno con la curiosa veraneante. En pocos meses su ciclo menstrual se había sincronizado sin conocerse siquiera.

Un último ejemplo, esta vez del mundo físico: si se calienta un recipiente con agua, se desprende vapor de agua, es decir, un gas en el que las moléculas pueden entrechocar entre sí yendo cada una «a su bola». Si se enfría el recipiente, el gas se transforma en líquido y las moléculas siguen separadas entre sí pero se «dan la mano». Si la temperatura sigue disminuyendo, llegará un momento en el que las moléculas decidan no cambiar de pareja de vez en cuando, sino organizarse en forma de cristales hexagonales maravillosos, los copos de nieve. Del más puro desorden, pues, emerge el orden. La decisión de darse la mano o de formar enlaces no procede del exterior, no es impuesta, sino que las moléculas tienen la capacidad de autoorganizarse.

En otras palabras, le estoy sugiriendo al lector que no debe desanimarse al contemplar el balance más bien parco de haber investigado la incidencia de los factores externos como el trabajo o la salud en los niveles de felicidad. La falta de soluciones concretas no se debe en absoluto a que el autor haya escatimado esfuerzos, lecturas o reflexiones. Podría ocurrir que el desorden no estuviera en el Universo, sino que la ignorancia nos impidiera aquilatar todavía de qué manera se fragua el orden. Intuyo una posibilidad no sugerida todavía por otros pensadores, que tiene muchos visos de viabilidad: ¿no será la felicidad una emoción transitoria que se rige por los principios de los sistemas complejos, también llamados caóticos por científicos como Steven Strogatz, catedrático de Mecánica Teórica y Aplicada de la Universidad de Cornell? El preciso instante en el que todas las mariposas de Tailandia emiten destellos a la vez, el día que las mujeres desperdigadas por todo el mundo pero que forman parte de una misma red de feromonas coinciden en su ciclo menstrual, el instante en el que seis moléculas de agua deciden no seguir agarradas de la mano y forman un cristal maravilloso, o el tiempo efímero en el que sentimos el gozo de la felicidad, ¿acaso no serán fruto de mecanismos idénticos, característicos de procesos llamados caóticos o complejos? ¡Qué falta de humildad pretender que podemos culpar a un único factor externo de la ausencia de felicidad, sin saber todavía ni por qué ni cuándo un granito más de arena añadido al montón apilado en la playa por mi nieta hará que éste se derrumbe estrepitosamente!

En el verano de 1960 la primatóloga Jane Goodall llegó a orillas del lago Tanganika, al este de África, para estudiar a los chimpancés, con el beneplácito y las instrucciones de su maestro, el famoso paleontólogo Louis Leakey: «Ha llegado la hora –le dijo Louis Leakey poco tiempo después de que Jane descubriera, como Jordi Sabater Pi, de forma paralela, que los chimpancés también sabían fabricar herramientas– de volver a definir qué es una herramienta, de redefinir qué es un humano o de aceptar que los chimpancés son humanos». Estudiando a los chimpancés se pretendía profundizar en el origen y la naturaleza de los humanos. Hace unos años, la multinacional Sony me invitó –junto a otros especialistas– a estudiar los mecanismos de aprendizaje de los robots con la intención de comprender mejor el proceso de aprendizaje de los humanos. Con idénticos motivos, en el capítulo siguiente se debatirán con Robert Sapolsky los mecanismos emocionales comunes a los chimpancés y los homínidos que están en la base de los traumas provocados por el ejercicio abyecto del poder político.

CAPÍTULO 6

Las causas de la infelicidad en las sociedades complejas

El ejercicio abyecto del poder político

Las llamadas sociedades complejas –en las que nos ha tocado vivir– están basadas, fundamentalmente, en el conocimiento, por una parte, y en un grado de interconectividad, por otra, que las hace muy vulnerables. Se podría alegar que, lejos de gestionar sociedades del conocimiento, todavía estamos gestionando la ignorancia. Sobran ejemplos de hasta qué punto los dirigentes políticos y los líderes sociales se limitan a gestionar la ignorancia de los demás.

Tampoco creo que haya muchas dudas en el hecho de que la revolución de las comunicaciones ha transformado el grado de complejidad de la interconectividad planetaria. Pues bien, en las sociedades complejas se dan tres factores que nutren el descontento y la infelicidad: el ejercicio abyecto del poder político, la disparidad entre los índices de crecimiento económico y de la felicidad, y lo que yo llamo la sociedad de las averías.

Charles Darwin describía así los signos físicos del miedo: los ojos y la boca abiertos, ceño fruncido, músculos paralizados, respiración sostenida, aceleración del pulso, postura agazapada, extrema palidez, transpiración fría, pelos de punta, irregularidades de la glándula salival que provocan sequedad de boca, temblores, fallos de la voz, pupilas dilatadas y la contracción de los músculos del cuello. Son las señales inequívocas de esta emoción básica, el miedo, que, con toda probabilidad, subyace en el origen del arte, la religión y la política desde hace unos treinta mil años.

La tesis de este capítulo es que la felicidad es, ni más ni menos, la ausencia de miedo. Punto. En el Paleolítico, la principal amenaza para las escasas y diseminadas poblaciones eran las guerras tribales, pero también, y sobre todo, la muerte causada por el frío glacial, el ataque de una fiera, los estragos de la vejez a los treinta años o infecciones absolutamente imprevistas e incomprensibles. El miedo a la muerte espoleó la búsqueda de amparo en las primeras religiones y expresiones artísticas, y tanto la religión como el arte cimentaron la anhelada protección con el establecimiento del poder político.

Es insólito e incomprensible que dos de las tres invenciones más sofisticadas y de mayor impacto de la mente humana –la religión, la política y el arte, a los que se podría añadir la ciencia–, nacidas, justamente, para proteger a los homínidos del miedo, se hayan vuelto instrumentos de terrores indecibles y hayan permanecido ajenos por completo a las ansias primordiales de felicidad para cuya consecución se alumbraron. Como apuntaba, se podría añadir la ciencia si se recuerda que para los filósofos y científicos desde Aristóteles hasta finales del siglo XX –prácticamente, hasta Antonio Damasio– las emociones representaban la irracionalidad cuyo estudio y experimentación debían evitarse a toda costa.

La receta para una convivencia feliz que propone Platón en su célebre *República* en el año 375 a.C., que tanto ha impregnado el pensamiento occidental, a cualquier analista moderno le parecería un manual de sadismo. Casi veinte siglos después, en 1515, uno de los grandes reformistas del pensamiento político, Tomás Moro, sugería que a la gente se la debería forzar a abandonar sus casas para que no se emocionaran con los objetos y recuerdos acumulados. En *La Ciudad de Dios*, escrita en el siglo V, san Agustín describía el triunfo del alma sobre el cuerpo en la otra vida: «El placer de morir sin pena bien vale la pena de vivir sin placer». En los tratadistas políticos o religiosos de antaño, pues, los humanos no encontraron ningún refugio ni consuelo, ni guía para la felicidad. Y mucho menos lo hallarán en las colecciones que algunas editoriales han publicado sobre los maestros del pensamiento que, supuestamente, se ocuparon de la felicidad.

Hoy día, en cambio, la ciencia se ha conciliado con el estudio de la felicidad. Una plétora de sus mejores representantes, como Daniel Gilbert, Martin Seligman, Daniel Goleman, Antonio Damasio, Joseph Ledoux, Daniel Kahneman, Csikszentmihalyi y muchos otros, han prestado sus laboratorios para profundizar en los mecanismos del miedo y la felicidad. Entre los tratadistas más sensibles al mundo de la política ya han surgido voces, como el economista Richard Layard de la London School of Economics, alertando a los políticos de que no sigan ignorando el *tsunami* milenario de la búsqueda y la consecución de la felicidad. Tiene razón, porque las técnicas modernas para auscultar el sentimiento de la opinión pública han permitido extraer una conclusión irrefutable: una reducción de dos tercios de los ingresos provoca un declive del índice de felicidad de sólo dos puntos en una escala de diez a cien; pero la degradación de las libertades políticas acarrea un cataclismo en los niveles de felicidad individual idéntico al de un divorcio, el paro o el deterioro de la salud.

Los estudios realizados por los profesores Bruno Frey y Alois Stutzer han confirmado los resultados de un experimento con seis mil ciudadanos suizos. Los índices de felicidad aumentan en función del mayor grado de participación individual de los ciudadanos en las tareas políticas. De hecho, no todos los cantones suizos ofrecen los mismos márgenes de libertad. En términos monetarios, un aumento determinado en el grado de participación equivalía, en una de las encuestas, a ganar más del triple del sueldo. Se trata de un hecho sorprendente y totalmente incomprensible para los que nunca se ocuparon de velar por la felicidad de sus ciudadanos.

Un encuentro con Sapolsky

Robert Sapolsky, neurólogo de la Universidad de Standford, en Estados Unidos, debe ser el único a quien no le han extrañado las estadísticas en cuestión sobre las relaciones entre el poder político y la felicidad en la vida moderna, porque ha sido el primero en calibrar la misma relación en el hombre primitivo. Antes de los experimentos de Sapolsky, nadie entendía la razón por la que los pobres sufren una mayor incidencia de accidentes cardiovasculares y de reuma, entre otras enfermedades, que los ricos, y todavía menos que la diferencia se mantenga entre los pobres que se han enriquecido. A base de descartar hipótesis, Sapolsky llegó a la siguiente conclusión: el colectivo más desamparado de la población transmite durante varias generaciones la marca de los estragos fisiológicos sufridos por el ejercicio abyecto del poder político.

«El lugar ocupado en la jerarquía social es determinante en la salud», dice Robert Sapolsky .

Tanto los estudios sobre el funcionamiento de la democracia participativa en los cantones suizos y sus relaciones con los índices de felicidad, como las conclusiones de Sapolsky, son aldabonazos que pregonan cambios inaplazables en el poder político. No obstante, nadie parece haberlos escuchado. Salvo los lectores de *El viaje a la felicidad,* porque su autor, tras analizar las investigaciones de Sapolsky, decidió buscarle hasta encontrarle en las cercanías de Stanford, en California. Fue uno de los encuentros dialécticos más gratificantes de un recorrido ya largo por todo el mundo, preguntando a más de un millar de singulares científicos que podían tener parte de las respuestas a las preguntas de siempre.

EDUARDO PUNSET. Empecemos hablando del estrés y de cómo afecta a mi cuerpo y a mi mente. Cuando un agente estresante altera lo que tú llamas «alostasis» –de momento yo lo llamaré equilibrio–, automáticamente la «glándula maestra» de mi cerebro empieza a segregar hormonas para recuperar el equilibrio sin que yo sea consciente de ello. Puedo entender que el cerebro les ordene a mis dedos que se muevan, pero ¿cómo es posible que el cerebro inicie por su cuenta el complejo proceso de deshacer los efectos del estrés en mi cuerpo?

ROBERT SAPOLSKY. Bueno, a veces se trata de un proceso muy complejo. Estás tranquilamente sentado y de repente piensas: «¿Cuántos días me quedan para cumplir el plazo? ¡Oh, no! ¡Sólo me quedan cuatro días!». De repente eres presa de una reacción de estrés. A veces es debido a lo que hoy en día se llama el «preconsciente». Los procesos preconscientes pueden desencadenar una respuesta de miedo sin que uno sea consciente de ello. Una de las cosas que se han observado en pacientes con patologías estresantes postraumáticas es que, de repente, en su entorno puede haber algún estímulo que despierte sus miedos sin que ni siquiera sean conscientes de ello... «Oh, esta voz se parece a la de la persona que me hizo eso», o «se parece al callejón oscuro donde me ocurrió eso». Basta con un estímulo preconsciente para que de pronto el corazón empiece a latir aceleradamente y la persona sea invadida por una sensación de pánico sin ser necesariamente consciente de por qué le está ocurriendo.

E. P. ¡Es sorprendente! Simplemente, ocurre pensando, dejando que la mente le dé vueltas a algo. Puedo comprender perfectamente que este proceso restaurativo se inicie si me encuentro con un león en la esquina, pero lo sorprendente es que simplemente imaginando que aparece un león ya se ponga en marcha el sofisticado proceso que describes en tu libro *¿Por qué las cebras no tienen úlcera?* Y no sólo las hormonas me preparan para mi encuentro con el león, al que ni siquiera he visto, sino que además se inhiben procesos fisiológicos enfocados a largo plazo, como la inmunidad o el deseo sexual. Mi pulsión sexual disminuye simplemente porque estoy imaginando un león a la vuelta de la esquina. ¡Es increíble!

R. S. Es un proceso que tiene sentido si se estudia el estrés desde el punto de vista de un animal, y no desde la perspectiva de un ser humano occidental. Para un mamífero cualquiera, el estrés significa que algo está muy centrado en devorarte en los siguientes dos minutos, o que uno está muy decidido a comerse a otro en los próximos dos minutos, y en este lapso el cuerpo hace exactamente lo que debe hacer: utilizar toda la energía almacenada para activar los músculos apropiados, aumentar la tensión arterial para que la energía fluya más deprisa y, como mencionabas, desactivar todo tipo de proyectos a largo plazo. Si te persigue un león, escoges otro día para ovular, retrasas la pubertad, ni se te ocurre crecer, ya digerirás más tarde, pospones la fabricación de anticuerpos para la noche, si todavía estás vivo... Se trata de eliminar todo lo que no sea esencial. Y, claro, el problema es que nosotros, como primates muy sofisticados que somos, podemos iniciar exactamente el mismo proceso de respuesta al estrés a raíz de un estado psicológico, de un recuerdo, una experiencia, una emoción, pensando en algo que puede ocurrir dentro de treinta años o que tal vez no ocurra nunca, pero iniciamos la misma respuesta al estrés. El meollo de la cuestión es que desencadenar este proceso durante tres minutos para salvar la vida es perfecto, pero si no lo haces de forma sistemática, por razones psicológicas, aumenta las posibilidades de enfermar.

E. P. Esto ha ocurrido durante miles de años. ¿Es cierto que este proceso ya existía hace sesenta mil años? ¿Tenía las mismas consecuencias? ¿Es tan útil hoy como entonces?

R. S. De entrada, yo diría que más bien se remonta a unos cien millones de años. Incluso podría apostar –a los científicos nos encantan este tipo de apuestas, porque son imposibles de comprobar– a que los dinosaurios tenían respuestas hormonales al estrés muy similares a las nuestras. Los lagartos, los peces, los pájaros... todos tienen la misma respuesta ante los factores estresantes. Es un sistema muy antiguo. Como apuntabas, hace sesenta mil años, o tal vez más, nos convertimos en primates suficientemente sofisticados para desencadenar el proceso por razones psicológicas, pero, claro, sesenta mil años, en términos evolutivos, son un segundo. Tenemos un sistema fantástico si estás huyendo para salvar la vida, o corriendo para no perder el autobús, o jugando al fútbol, o haciendo cualquier cosa que tenga sentido para un mamífero cualquiera, pero el sistema es un desastre si te sientas a pensar «¡Oh, Dios mío! Algún día moriré» o «¿Qué pasa con el calentamiento global?» o «¿Cómo pagaré las facturas de fin de mes?». En otras palabras, es un desastre si se desencadena a partir de un estado psicológico de anticipación.

E. P. ¿Existe el peligro de que reaccionemos a los factores estresantes de forma desproporcionada, en el marco de la vida moderna? Si la gente reacciona de forma exagerada ante los factores estresantes, podría explicarse en parte la proliferación de actos violentos en el mundo.

R. S. Si examinamos las enfermedades psiquiátricas más comunes, podría decirse que, de alguna manera, se trata de enfermedades de personas que no reaccionan bien ante el estrés. Una de ellas, la depresión mayor, aparece cuando alguien, frente al estrés y a los retos, dice: «Me rindo; ni siquiera voy a intentar enfrentarme a esto; no puedo, no tiene solución...». Está completamente subyugado. Pero contestando a tu pregunta, si estudias los casos de personas con desórdenes debidos al estrés, verás que ante un factor estresante intentan reaccionar con una actividad frenética, haciendo mil cosas a la vez, y pase lo que pase, siguen con este ritmo aunque ese factor ya no esté presente. Es un estado psicológico de emergencia perpetua, sin tregua. Yo sospecho algo que sería clave para entender algunos de los aspectos más negativos de nuestra experiencia social como humanos sobre la Tierra, y es que uno de los factores que más ayudan a aliviar la carga del estrés, tanto para nosotros como para el resto de animales, es hacer infelices a los demás, dirigiendo nuestra agresividad hacia otras personas. Hay múltiples evidencias de que se trata, por desgracia, de una respuesta que ayuda a enfrentarse al estrés, que contribuye a hacer del mundo un lugar mucho peor. Muchos evitan desarrollar úlceras a costa de provocárselas a los demás.

E. P. Así que una manera de disminuir la ansiedad o la tristeza maligna es ladrar a otra persona y entristecerla. Es lo que hacen los primates, ¿verdad?

R. S. Los primates lo hacen muy bien. Desconozco las estadísticas en España, pero en Estados Unidos existe una relación inmediata entre las crisis económicas y el abuso a menores y a mujeres, del tipo «Estoy de mal humor, estoy estresado, necesito descargarme sobre alguien físicamente más débil». Por desgracia es típico de los primates.

E. P. Una psicóloga inglesa amiga mía, Susan Greenfield, sostiene que la depresión es el resultado de una introspección excesiva, y que funciona como una telaraña. Si no dejas de observarte, terminas enredándote en ella. En este sentido, la depresión sería típicamente humana, porque ningún otro animal tiene esta capacidad de introspección.

R. S. La respuesta científica oficial es «tal vez». Depende. Es objeto de grandes debates. Se puede observar algo parecido a la depresión humana en los animales, incluidos los primates. Las reacciones químicas de su cerebro son bastante parecidas. Podría ser el producto de un proceso que nos es familiar, en el que el animal está sentado en su jaula y piensa: «Cada vez que hay una descarga eléctrica en mi jaula, no puedo hacer nada, nada en absoluto, para evitarla...». Y sufre una especie de colapso. Los primates, las especies no humanas y el resto de los animales reaccionan de esta forma, que se parece mucho a nuestra sensación de impotencia. Pero el único primate capaz de sentirse impotente y desesperado ante algo que está ocurriendo en el otro extremo del planeta, o de algo que ocurrirá dentro de cincuenta años, es el humano, que puede desplazar este proceso a través del tiempo y del espacio. La capacidad de conmoverse por hechos que ocurren lejos es característica del ser humano.

E. P. Tal vez sea esta capacidad, incluso más que el lenguaje o la fabricación de herramientas, la que más nos distingue del resto de los animales. Hay algo que me fascina en lo que sugieres a raíz de tu extensa investigación, y es que así como puedes morir víctima del estrés psicológico, también puedes morir de placer. Demasiado placer. Hay placeres que matan.

R. S. Sí, ésa es la parte más llamativa del tema del estrés. Cuando huyes para salvar tu vida, cuando estás inmerso en una crisis, ¿cómo reacciona tu corazón? Late desaforadamente. ¿Qué le pasa a tu tensión arterial? Se eleva. Igual que cuando vas a tener un orgasmo. Resulta muy llamativo que los mecanismos fisiológicos que se activan ante reacciones de rabia intensa o las reacciones físicas extremas ante casos de emergencias son idénticas a los mecanismos que se activan ante situaciones de euforia o de placer extremo. Si mides los ritmos cardíacos de una persona, no sabrás si acaba de cometer un asesinato o si ha tenido un orgasmo. Las condiciones fisiológicas son idénticas. Una de las conclusiones que se desprenden de esto es que alguien con un corazón débil, con un sistema cardiovascular vulnerable, podría tener problemas en caso de crisis. Me referiré, de nuevo, a un caso de naturaleza sexual porque uno de los ejemplos de placer fatal más comentados, al menos en Estados Unidos, ocurrió hace unos doce años cuando un ex vicepresidente murió presuntamente tras un encuentro sexual con alguien que no era su mujer. El incidente despertó la curiosidad de la prensa y los fisiólogos lo presentaron como un caso clásico de, como tú decías, placer fatal.

E. P. ¡Impresionante! Si estuviésemos en contacto a través de internet y te pidiese que me dieses únicamente los datos de la frecuencia cardíaca, la tensión arterial y los niveles hormonales, podría adivinar a distancia que estabas a punto de morir, pero no sabría si era consecuencia del ataque de un león o por un orgasmo, ya que tienen efectos muy parecidos.

R. S. Es un descubrimiento interesantísimo, que siempre me recuerda las palabras de Elie Wiesel, premio Nobel superviviente de un campo de concentración, que insistía en la necesidad de recordar las lecciones de la historia y decía que «lo opuesto del amor no es el odio, sino la indiferencia, lo opuesto del amor es la indiferencia ante los sufrimientos ajenos». Resulta increíble comprobar que, fisiológicamente, el amor y el odio no son opuestos, sino muy, muy parecidos. De ahí que, cuando estudiamos el comportamiento de los seres humanos, encontramos indicios de uno de los hechos más extraños e inusuales en el mundo de los animales no humanos y es que confundimos la sexualidad con la violencia. Este comportamiento no tiene parangón en el mundo de los primates. El amor y el odio no son opuestos fisiológicos desde el punto de vista cerebral. Son estados muy similares.

E. P. Es extraordinario. En este sentido, quisiera reflexionar sobre cómo el estrés puede afectar a nuestra salud sin llegar a causar la muerte. Existe un enfoque estrictamente reduccionista de la salud. Me refiero a los que opinan que la salud, o la falta de salud, es el resultado de la acción de microbios y virus, sin más; si eliminas los microbios y los virus, tu salud mejora. Pero hay quien, como tú, advierte que no funciona exactamente así. Hay que comprender las condiciones sociales, ya que el lugar que ocupamos en la sociedad tiene mucho que ver con el nivel de estrés que soporta cada persona. El lugar que ocupamos en la sociedad puede ser fuente de estrés y miseria.

R. S. Es un tema fascinante, de gran trascendencia, que me apasiona aunque casi toda mi vida transcurre en un laboratorio, estudiando la biología molecular del cerebro. Si estudias una sociedad muy estratificada y competitiva como la norteamericana, por poner un ejemplo, compruebas que existen enormes diferencias en los índices de salud y esperanza de vida según la posición en la jerarquía social. ¿Qué es exactamente el estatus socioeconómico en una jerarquía social humana occidental? No se trata sólo de que al pasar de la pobreza a una condición más desahogada la salud mejore de repente. Se trata, además, de que desde el espectro más bajo, pasando por los sucesivos escalones, existe un número ingente de enfermedades que son más comunes entre la gente más pobre. Y uno se pregunta, ¿cuál es la base de esta curva socioeconómica? Este hecho se ha comprobado en todos los países europeos –por supuesto la situación es más marcada en Estados Unidos–, pero la respuesta de la gente es «bueno, obviamente, los más pobres no pueden costearse un médico; es un problema de falta de acceso a la sanidad». Pero no es eso en absoluto, porque está comprobado que los países con acceso libre y gratuito a la sanidad pública tienen exactamente las mismas curvas. Aunque fueran al médico siete veces al día y se hicieran chequeos, no cambiaría la incidencia de la enfermedad en cuestión entre los más desfavorecidos económicamente. La diabetes juvenil, por ejemplo, presenta la misma curva. Así que, de un plumazo, nos quedamos sin la solución del acceso libre y gratuito a la sanidad pública.

Entonces se podría argumentar que en muchos países occidentales la gente pobre tiene más tendencia a fumar, beber en exceso, no hacer ejercicio y comer menos saludablemente. Todo eso, evidentemente, incide sobre la salud. Pero si se estudia teniendo en cuenta estos factores, con el mismo nivel de consumo de cigarrillos y alcohol, sigue existiendo una diferencia en las curvas que reflejan los tipos de enfermedad según el estrato social. Los factores de riesgo –la salud y el estilo de vida– sólo inciden en un tercio de la curva. Las explicaciones lógicas no bastan. Es preciso tener en cuenta los factores psicosociales. ¿Qué son los aspectos psicosociales? El estrés. Los descubrimientos más importantes al respecto lo corroboran. En primer lugar, demuestran que el estatus socioeconómico determina en gran medida la salud; aunque un indicador aún más fiable que el estatus socioeconómico es el estatus socioeconómico subjetivo, es decir, ¿cómo crees tú que te van las cosas? Existen experimentos increíblemente simples en los que se enseña a la gente una escalera con diez peldaños y se le pide que se sitúen en la escalera en comparación con otras personas. Esta sencilla medida es un indicador de salud más fiable que el estatus económico real de la persona. No se trata tanto de ser pobre, sino de sentirse pobre. El trasfondo de la cuestión es por qué la gente se siente pobre. ¿Por qué la sociedad les hace sentirse pobres? En segundo lugar, descubrimos que no se trata tanto de un problema de pobreza, sino de pobreza en medio de la riqueza. La injusticia, el reparto desigual de la riqueza, es el mayor indicador de que los pobres tendrán mala salud. A nadie le sorprenderá que en Estados Unidos, el país con los ingresos más dispares del mundo, existan las mayores diferencias de salud entre los ricos y los pobres. No se trata, pues, de una visión reduccionista de la salud, sino que está todo ligado con los estados psicológicos de ser pobre y sentirse pobremente tratado por la sociedad.

E. P. Robert, lo que dices me parece muy importante, novedoso y casi amenazante desde el punto de vista de lo políticamente correcto. Sugieres que si queremos cambiar los efectos negativos de la pobreza, debemos ir mucho más allá del sistema de sanidad pública; porque ésta puede resultar redundante en un contexto de pobreza definida por las desigualdades sociales y políticas extremas. No basta con garantizar el acceso a la sanidad de todo el mundo, en la misma medida que la disfrutan los ricos. Quisiera preguntarte algo en este sentido: para nuestros antepasados, los primates, el factor de estrés era producto del orden jerárquico; el chimpancé dominante podía tratar a los demás injustamente por diversión o, como apuntabas anteriormente, para descargar su estrés a costa de estresar a otros. Pero por lo que deduzco de lo que dices de los humanos, no se trata exactamente de un orden jerárquico, sino de algo que aún no has mencionado. Insinuabas que ese factor está relacionado con el ejercicio del poder y de la dominación, en otras palabras, del poder político. Tal vez deberíamos reflexionar ahora acerca de cómo se fraguó esa sumisión inquietante de los pobres al poder en el caso de los homínidos y no de los chimpancés.

R. S. Es un tema importantísimo, Eduardo, uno de esos temas que cuando lo comprendes te impulsa a querer enarbolar la bandera roja y a correr a las barricadas. Los primates no humanos también tienen jerarquías: los animales de los peldaños humildes de esta jerarquía sufren más estrés, su cuerpo funciona peor y padecen más enfermedades. Sin embargo, intervienen muchos condicionantes: todo depende de la estabilidad de la jerarquía, del tipo de ecosistema o de la personalidad de los propios animales. Al estudiar los primates no humanos nos encontramos con varios condicionantes que demuestran que son animales muy sutiles. Sin embargo, si estudias el caso de los humanos en las sociedades occidentales, más o menos industrializadas, socialistas o capitalistas, matriarcales o patriarcales, religiosas o laicas, reaparece esa jerarquía que dicta que si eres pobre, tu salud será peor. Empiezas a preguntarte si socialmente los humanos son menos sofisticados que los chimpancés y los babuinos. Evidentemente, no. Lo que ocurre es que hace veinte mil años los humanos inventaron la agricultura. Hasta entonces éramos cazadores y recolectores, y casi todos los estudios apuntan a que este tipo de sociedades eran extremadamente igualitarias. Pero cuando inventamos la agricultura, inventamos los excedentes, apareció la gente que quería controlar esos excedentes y así surgió la jerarquía. En esencia, la invención de la pobreza significó encontrar una forma de dominar a un homínido descendiente de los primates como no había hecho ningún otro primate en la historia de este planeta. Hemos dado con un método que, simplemente, abusa de la gente.

E. P. Así que, en realidad, como acabas de decir, cuando los humanos inventaron la agricultura y la pobreza descubrieron una forma de esclavizar y subyugar a los miembros de los escalones más bajos de la jerarquía de una forma que ni siquiera los chimpancés u otros primates no humanos habían soñado jamás. Son más sutiles que nosotros.

R. S. No cabe duda de que un primate no-humano es suficientemente listo como para pensar: «Oh, oh, mira a ese al otro lado del campo, me va a dar problemas», y puede tener una respuesta estresante anticipada, que psicológicamente es muy sofisticada, y puede ser característica de un babuino en la parte baja del escalafón. Pero sólo un humano pobre puede sentarse a pensar: «¿Cómo pagaré las facturas este mes? ¿Cómo conseguiré comida para mis hijos la semana que viene? ¿Cómo podrán salir adelante mis hijos si no consigo que vayan a la universidad en el futuro?». Sólo los humanos son capaces de quedarse sentados y permitir que esta sensación de ansiedad y de impotencia invada cada neurona de su cerebro, hasta convencerse de que aquello es lo que define su pasado y su futuro. Es una forma inaudita de conseguir que el cuerpo no funcione bien, algo que no existe en el mundo no humano.

E. P. ¿Se lo has explicado a los ministros de Sanidad? ¿O es una causa perdida?

R. S. Como decías, el modelo dominante hoy en día es el reduccionista. Por ejemplo, para solucionar las diarreas de la población infantil, se inventan nuevos antibióticos en lugar de depurar mejor el agua. Para frenar el sida, se inventa una vacuna en lugar de intentar cambiar las cosas absurdas que hace la gente con su vida sexual; para reducir la pobreza, se aprueba una ley que mejora ligeramente la situación financiera de la gente y se dan ayudas para que puedan ir al médico en vez de transformar el estado psicológico básico que subyace al sentimiento de falta de poder y de impotencia en nuestra sociedad. Se impone esta tendencia, y la ciencia la refuerza con descubrimientos como el del genoma humano, que implica un conocimiento genético superior, mejores medicinas y vacunas. En suma, una solución reduccionista en lugar de una solución social. Existe otra razón arraigada en nuestra psicología por la cual nuestra sociedad no funciona bien, y es que preferimos esperar a que algo vaya mal y depender entonces de alguien que arregle el problema en vez de empezar hoy mismo, y no mañana, a hacer las cosas de forma diferente, como por ejemplo vivir nuestra vida de forma preventiva. Nos cuesta muchísimo adoptar las pequeñas medidas que dentro de diez años serían significativas. Decimos: «Bueno, mañana empezaré a hacerlo», pero esperamos a que ocurra el desastre para acudir a alguien ataviado con una bata blanca y tecnología punta para que solucione el desaguisado. Psicológicamente, nos cuesta muchísimo adelantarnos a los acontecimientos.

E. P. Has dicho algo aterrador y muy significativo a la vez, y les ruego a mis lectores que presten especial atención a lo que diré, que a grandes rasgos subraya lo que has estado diciendo durante años: la pobreza se asocia a un incremento en el riesgo de accidentes cardiovasculares, enfermedades reumáticas, psiquiátricas y otras. Pero lo más aterrador es que la pobreza es imborrable, nunca se puede olvidar. Una persona puede enriquecerse y tener libre acceso a cuidados médicos, pero los efectos ulteriores de la pobreza a la que estuvo sometido previamente le acompañarán hasta la muerte. ¿Es así?

R. S. Hasta cierto punto, sí; es inquietante. Desde luego, es deseable que la gente logre escapar de la pobreza, porque su salud mejorará, pero el eco, la cicatriz de la pobreza queda anclada mucho tiempo después de haber superado las bolsas de pobreza más profundas de nuestra sociedad. Es un tema que han estudiado los sociólogos, y se llevó a cabo hace unos veinte años un estudio, *Las heridas secretas de la pobreza*, que demuestra que incluso dos generaciones después de que una familia supere la pobreza, existen actitudes, ansiedades e inseguridades que surgen alrededor de un sentimiento de desprotección. Es llamativo que, psicológicamente, la miseria, el estrés o el trauma, cuando ocurren en los primeros años de vida, dejan huellas imborrables. En cierto modo, lo más sorprendente es que, como decías, aunque te enriquezcas, tu mente y tu cuerpo conservan las huellas de tu pobreza anterior. Algunos estudios interesantísimos demuestran que si en el tercer trimestre de gestación se priva a un feto de ciertos nutrientes, su metabolismo cambiará para siempre. Se llama «programación metabólica» o «impronta metabólica». Demuestra que aunque todo fuese equitativo a partir de tu nacimiento, si te ha faltado alimento durante la etapa fetal, cuando tengas sesenta años tendrás mayor probabilidad de padecer diabetes, hipertensión y obesidad, porque tu cuerpo decidió, cuando eras un feto, que había que almacenar todo lo que estaba en la sangre, por temor a que necesitara luego esas calorías. Tu metabolismo decide ser ahorrador, y quedas expuesto en mayor medida a estas enfermedades. Puedes tener sesenta años y ser Bill Gates, pero tu páncreas todavía recordará ese precario tercer trimestre cuando eras un feto.

E. P. Robert, una última pregunta. Hemos hablado de los factores estresantes ligados a las descargas hormonales internas, pero ¿existe el peligro de que las sustancias del mundo exterior también sean capaces de desencadenar respuestas estresantes?

R. S. Desde luego, existen toxinas en el medio ambiente, algunas derivadas de las hormonas, y hoy en día parece que están influyendo sobre todo en el sistema reproductivo. La pregunta que tal vez debería preocuparnos más es ésta: ¿Podemos ingerir algo para disminuir el estrés? Y claro, todos sabemos que las drogas, el alcohol o el tabaco son muy eficaces para reducir el estrés, pero sólo momentáneamente. Imaginemos que vives un período especialmente estresante; el alcohol o alguna droga, como el *valium* o el *librium*, pueden disminuir los indicios fisiológicos y psicológicos del estrés, pero siempre de acuerdo con el mismo patrón: cuando los efectos de la droga se disipan, vuelves a un nivel de estrés incluso mayor que el que tenías. Y entonces ¿cuál es la solución? Bueno, pues vuelves a consumir de nuevo, y de nuevo, y consigues incrementar paulatinamente tu nivel básico de estrés. Esto es la adicción. Es indiscutible que no existe ninguna droga que se pueda comprar legalmente en la farmacia que sea realmente eficaz a la hora de librarnos del estrés. Pero la singularidad de los factores estresantes de los humanos respecto a los demás animales es que podemos darnos el lujo de sufrir factores estresantes psicológicos alocados, lo cual es bueno y malo a la vez. La mayoría de gente tiene la suerte de ser capaz de impedir esta situación, de protegerse a sí misma, de llevar a cabo los cambios psicológicos y sociales pertinentes y de comprender que son cambios demasiado importantes para dejarlos para mañana.

Los ciudadanos frente al poder

A los ciudadanos que dan por sentado el privilegio de vivir en sociedades donde se controla al poder político, les cuesta imaginar la brutalidad con que se ejerció el poder desde sus albores hace quince mil años. Las posturas desgarradas de los restos fósiles de sacrificios humanos, el transporte de piedras monumentales a kilómetros de distancia, las guerras tribales de los pueblos primitivos que –en las tribus de las que se tienen registros como los Jíbaro y Yanomano de América Latina– implicaban el exterminio de la mitad de su población masculina constituyen indicios escalofriantes del ejercicio abyecto del poder político. Las agresiones físicas y la permanente corrupción moral se concertaban para desintegrar cualquier atisbo de confianza en el poder. Hoy sabemos que el estrés masivo impuesto a las ratas y a los babuinos puede afectar incluso al tamaño de regiones cerebrales como el hipotálamo. En los humanos, existen indicios suficientes para creer que William Faulkner tenía razón al afirmar que «el pasado no está muerto. Ni siquiera es pasado».

Si los abusos de poder ocurren en los países democráticos, cuyos ciudadanos están protegidos por constituciones y sistemas creados que controlan el poder establecido, resulta fácil imaginar el yugo que soportan, impotentes, los habitantes de los países que no están dotados de sistemas contra los abusos de la corrupción. A menudo, los propios guardianes de la ley y de las instituciones se alían para llevar a cabo abusos impunemente, incluso la imposición de formas de pensamiento que condicionan a cientos de millones de personas, generalmente con enorme dureza cuando se trata de colectivos históricamente discriminados. Los estragos en las esferas de la vida intelectual, económica y por supuesto emocional de estos habitantes desafortunados son incuestionables desde un estado de estrés subyacente permanente, hasta la angustia y el miedo. En cualquier caso, estas prácticas se traducen en una altísima cuota de infelicidad. Frente a la infelicidad, las personas reaccionan de forma diversa: desde la resignación con la que se acepta la aniquilación de la voluntad individual y del pensamiento propio hasta la rebelión frente a la injusticia. De todas formas, el precio es muy alto, tanto si se opta por preservar la propia vida, como si se arriesga para conseguir cuotas de libertad y de justicia más amplias.

En la orilla desafortunada de la rueda de la fortuna viven millones de personas, un contingente callado, aparentemente pasivo e impotente. Son el contingente de habitantes sometidos hasta la muerte por cadenas económicas o psicológicas. A lo largo de la historia, la esclavitud se ha caracterizado por la pérdida de la libertad con coacción violenta por parte de individuos o del propio Estado. Aunque en teoría todos los países del mundo la han abolido, un estudio reciente de la Organización Internacional del Trabajo revela que existen más de doce millones de personas que pueden categorizarse como esclavos. Otros estudios elevan esta cifra hasta veintisiete millones. Muchos investigadores alegan que esta cifra ha crecido en los últimos años debido al tráfico de seres humanos llevado a cabo por el crimen organizado. Igual que el fantasma de la corrupción puede alzarse descarnadamente en cualquier país del mundo, la esclavitud puede sobrevivir a pesar de las garantías constitucionales que ofrecen los estados modernos.

Que nadie crea que el ejercicio abyecto del poder político no cuenta con las complicidades de los estragos emocionales marcados en las conciencias a lo largo de miles de años. Especialistas en lenguaje no verbal han puesto de manifiesto las semejanzas residuales en las actitudes de la población femenina de países poco sospechosos de ejercer un programa cultural explícitamente sexista que recordaban, en realidad, las de sus compañeras de género asiáticas. El biólogo y divulgador científico Richard Dawkins abunda en el mismo tipo de manipulación, en otro contexto; se trata de su famoso ensayo *Is Science a religion?*, escrito a propósito de un artículo publicado en 1995 en el periódico *The Independent*. Era Navidad, y el prestigioso periódico mostraba la fotografía de tres niños vestidos de reyes magos en un belén. El texto describía a los niños como «un musulmán, un hindú y un cristiano». Se suponía que era enternecedor que los tres pequeños pudiesen representar, unidos, la natividad. La fotografía mereció la siguiente respuesta de Dawkins: «Lo que no resulta nada enternecedor es que estos niños tienen cuatro años. ¿Cómo se nos puede ocurrir describir a un niño de cuatro años como un musulmán, un cristiano, un hindú o un judío? ¿A alguien se le ocurriría hablar de un neoaislacionista de cuatro años, o de un republicano de cuatro años? Las religiones son opiniones acerca del cosmos y del mundo que los niños, cuando crezcan, presumiblemente estarán en condiciones de juzgar por sí mismos. La religión es el único campo de nuestra cultura en el que se acepta incondicionalmente –sin ni siquiera darse cuenta de lo raro que resulta la situación– que los padres tengan un poder de decisión absoluto acerca de lo que sus hijos van a ser, cómo se les va a educar y qué opiniones tendrán acerca del cosmos, de la vida y de la existencia. A eso me refiero cuando hablo del abuso mental a los niños».

¿Se trata de un juego exclusivamente humano? ¿Responde este esquema a una necesidad emocional o es producto de la represión social? ¿O ambas? ¿Existe alguna otra razón, genética tal vez? ¿Por qué aceptan los seres humanos la esclavitud y el ejercicio abyecto del poder político?

Parte de la respuesta podría hallarse en nuestro mundo natural, en el lenguaje hermético, difícilmente comprensible, de otras especies con las que compartimos nuestro hábitat. Las claves de los contratos sociales podrían encontrarse en el comportamiento de unas cuantas especies de insectos sociales cuyas conductas, gracias a la infinita paciencia de unos pocos científicos, se han logrado descifrar más claramente: se trata de las modestas hormigas, de las termitas y las abejas. Los paralelismos son fascinantes, ya que la organización política y social de los humanos parece tener un eco asombroso en el comportamiento de las comunidades de estos insectos que se comportan como superorganismos. ¿Un parecido demasiado humilde para el orgulloso *homo sapiens*? Si la clave de los comportamientos de estas especies reflejase en alguna medida el complejo mundo de las relaciones personales, políticas y sociales de los humanos, la metáfora ya no sería producto de una casualidad.

El parecido entre un enjambre y un colectivo humano resulta inquietante. Ahora se sabe que no sólo la reina del enjambre está capa-

Hormigas y homínidos, dos colectivos con un complejo sistema de organización social.

citada para poner huevos. Algunas abejas trabajadoras pueden ser fecundadas y tener descendientes. Como descubrió el entomólogo autodidacta Raymond Lane hace muy pocos años, al desaparecer la reina todas recuperan su fertilidad de manera que «el estatus vinculado a la infertilidad es el subproducto de la represión y cuando el poder opresor desaparece las trabajadoras recuperan su fertilidad».

Se ha demostrado algo parecido con las hormigas. Las de la especie *Leptothorax allardycei* pasan más tiempo peleando entre ellas –cuando desaparece la reina– que cuidando del hormiguero. E incluso cuando la reina vive, las trabajadoras más competitivas siguen poniendo un 20 % de los huevos. En los superorganismos como los enjambres, los hormigueros y los termiteros parece evidente que la organización social obedece a un sistema represivo en el que la reina utiliza armas variadas para eliminar la capacidad genética de sus súbditos para reproducirse y mantener el control del poder: criando una primera generación de sólo hembras que, al no ser fecundadas, están más predispuestas a quedarse en el nido; interfiriendo con el crecimiento de los ovarios de sus crías; utilizando armas químicas como las feromonas; comiéndose los huevos de sus rivales y, a veces, cometiendo infanticidios. En algunas especies que no tienen reina, las trabajadoras más combativas establecen su supremacía neutralizando los órganos genitales de las demás. Cuando la actividad reproductora de la reina no basta para aumentar la masa de la colonia, se recurre a la invasión y la conquista de las vecinas. En otras palabras, nadie nace genéticamente reina, sino que se hace a costa del ejercicio de la represión y la sumisión de las demás. Y la vida en los superorganismos gira en torno a una trama de aristócratas, clases trabajadoras, revueltas y guerras encaminadas a que el poder no cambie de manos. De ser cierto lo dicho, los humanos formarían también un superorganismo –como sostuvo Edward O. Wilson durante muchos años–, pero por razones equivocadas.

Las batallas descarnadas por la supervivencia dentro de los superorganismos sirven para ilustrar la dureza de la supervivencia en nuestras propias organizaciones sociales y políticas. En el caso de los humanos, hay un factor que ayudaría a hacer más cómoda la convivencia si se aplicase universalmente. Se trata, de nuevo, del factor psicológico. Como se apuntó a propósito de la teoría del juego, si en un contexto de juego se alerta a los jugadores de que alguien va a hacer trampa, todos harán trampa sin tener mala conciencia. En experimentos recientes se ha comprobado que los estudiantes de ciencias empresariales tienden a hacer más trampas en este tipo de juegos que los demás estudiantes y a dar menos dinero para obras de caridad. En otras palabras, una persona entrenada para pensar que la gente es oportunista y egoísta tenderá a comportarse de la misma manera.

La conclusión es muy clara: si se transmite un mensaje de insolidaridad, la población reaccionará, mayoritariamente, adoptando criterios insolidarios. En cambio, es posible extender entre los habitantes del planeta una consciencia global solidaria, a condición de crear situaciones que favorezcan la confianza y la sensación de que el juego es limpio.

La responsabilidad de los políticos es, por tanto, enorme. La sociedad haría bien en exigirles tajantemente una pureza de espíritu y de obra exquisita como reclama Vaclav Hável, dramaturgo y ex presidente de Checoslovaquia, para la vocación política: «La política es una actividad humana que requiere, más que otras, sensibilidad moral, reflexionar críticamente sobre uno mismo, asumir sin subterfugios las responsabilidades que incumben a los políticos, desplegar elegancia y tacto, ponerse en el lugar de los demás, ser humilde y moderado. Ser responsable ante algo que está por encima de mi familia, de mi país, de mi empresa, de mi propio éxito».

Con toda seguridad, cuando Vaclav Hável pronunciaba estas palabras recordaba la cita de Montesquieu: «Si alguien me ofreciera algo en mi propio beneficio que fuera en detrimento de Francia, lo rechazaría; igual que si alguien me ofreciera algo en beneficio de Francia que fuera en detrimento del resto del mundo». A la luz de las declaraciones y el proceder de muchos europeístas de nuevo cuño que defienden intereses a corto plazo frente a terceros países, es perfectamente legítimo preguntarse si esos europeístas dejarían hoy sumarse a sus filas a un europeísta como Montesquieu.

¿Crecimiento económico sin aumento de la felicidad?

Ha llegado el momento de abordar –tras el recorrido por el ejercicio abyecto del poder político como fuente de infelicidad– la convicción generalizada de que en las sociedades complejas aumenta sin cesar el bienestar económico, sin que mejoren los índices de felicidad. Éste es el segundo rasgo definitorio de las sociedades complejas en su viaje a la felicidad. La tercera característica, que cierra el capítulo, es el concepto de la sociedad de las averías.

La convicción generalizada de que los ciudadanos del mundo moderno no son más felices que la gente de otras épocas arranca de la disparidad observada al comparar las curvas del crecimiento de los ingresos por habitante –que han aumentado significativamente en los últimos cincuenta años– y del índice de felicidad declarado por los ciudadanos, que se ha estancado. Esta convicción radica también en la incapacidad relativa para reconstruir los recuerdos y olvidar, particularmente, los acontecimientos adversos. Cuando se afirma que «cualquier tiempo pasado fue mejor», se está manifestando que sólo se recuerdan del pasado –eso sí, de forma indeleble, en el inconsciente– los acontecimientos más felices.

En esta ocasión, no es seguro que las cifras den cuenta de la realidad. Existen varios matices que, una vez asumidos, dan una visión bastante más optimista del impacto de los avances económicos en los niveles de felicidad. En primer lugar, cuando se pregunta a la gente si es muy feliz, bastante feliz o nada feliz, la similitud de las respuestas es sorprendente. Salvo un 10 %, aproximadamente, todo el mundo dice ser feliz o bastante feliz, en todas las latitudes y meridianos. ¡Y más feliz que los demás! Si, para simplificar, nos fijamos sólo en las seis emociones fácilmente reconocibles que enumeraba Darwin –el miedo, la felicidad, la tristeza, la ira, la repugnancia y la sorpresa–, no aparecen grandes variaciones si se pregunta por la evolución de cada una de ellas, salvo entre el 1 y el 10 % de la población tocada por la esquizofrenia, la depresión o, simplemente, la ansiedad. De ahí que sea mucho más difícil de lo que parece reconocer las expresiones faciales. Por ello y por otra razón de peso que se mencionaba en el capítulo referido a las emociones de nuestros antepasados, es decir, el resto de los animales. Los humanos, a diferencia del resto de los mamíferos, tenemos emociones mezcladas, así como la posibilidad de controlarlas a medias e incluso reflejarlas sólo en una pequeña parte de la cara, en los procesos iniciales o de control consciente de la expresión facial. El mejor experto mundial en reconocimiento facial, Paul Ekman, profesor de Psicología en el departamento de Psiquiatría de University of California Medical School, describe ejemplos fascinantes en su página web (www.emotionsrevealed.com), que recomiendo a los lectores. Para que nadie se sienta excesivamente defraudado ante las dificultades para discernir las emociones mezcladas características de los homínidos, no me avergüenza revelar que en uno de los ejemplos de análisis de catorce rostros con las expresiones darwinianas antes citadas, sólo acerté en cuatro.

En lo que se refiere a los instintos básicos, todo el mundo está genéticamente sintonizado –y modelado por la influencia del entorno– en un punto determinado que es el de su equilibrio. En el 10% de la población este punto de sintonización está demasiado bajo o demasiado alto. Por ejemplo, uno de los componentes del sentimiento de felicidad plena es el ansia de reconocimiento por parte de terceros y, particularmente, del propio gremio. Si el punto de sintonización de una persona está muy por encima del promedio, ninguna alabanza o premio saciará su sed de reconocimiento. La búsqueda constante de señales en los demás de su propia existencia y valores le mantendrá en un estado de ansiedad e insatisfacción reñido con la felicidad.

En contra de la opinión generalizada, salvo para un porcentaje reducido de la población, impera una cierta estabilidad o equilibrio emocional más allá de los estímulos ocasionales o cotidianos –aunque bastan un 2% de psicópatas para sembrar la infelicidad en grandes sectores–. De ahí cierta decepción al constatar, una vez tras otra, que determinados factores externos como la salud o el dinero no inciden significativamente en los niveles de felicidad. Pero se trata de una apariencia engañosa. Se pasa por alto que una serie de factores psicológicos y sociales poco conocidos neutralizan o compensan el aumento esperado en los niveles de felicidad. Veamos el caso del aumento continuado de la prosperidad y de la riqueza económica medidas por la subida de los ingresos por habitante en los últimos cincuenta años.

Loreto y Paco son una pareja pródiga en estabilidad entre mis conocidos más antiguos. Nunca se les ha considerado particularmente ambiciosos; no se les ha oído jamás quejarse amargamente de su trabajo; siempre son afectuosos y, para colmo, sus dos hijos han heredado su calma. Contra todo pronóstico, la profesión de Paco no es de las que en la imaginación popular se podrían considerar de las más apacibles y resguardadas emocionalmente: es psiquiatra. He conocido a psiquiatras, como el doctor Jaén en Barcelona y el doctor Bannel en Burdeos, por los que, cuando vivían, hubiera puesto la mano en el fuego jurando que nadie los podría sorprender levantando la voz –ni siquiera a los pacientes reacios a someterse a sesiones de *electroshock* a las que estaba habituado su gremio en la posguerra–; y he conocido a otros, como el doctor X, que todavía vive, que en un rapto de locura encañonó a una madre y sus hijos con una pistola, en la cocina, vociferando, con razón, contra la sinrazón de la evolución cultural de la posguerra. Pues bien, recuerdo perfectamente la diferencia razonable entre el dinero que ganaba Paco y el que, según él, habría necesitado para vivir sin problemas. Cuando le vi veinte años después, al regresar del extranjero en 1973 –sólo Dios puede saber los motivos de la pregunta salvo la certeza de que no estaba en mi mente escribir este libro treinta y dos años más tarde–, la diferencia entre lo que ganaba Paco entonces y lo que necesitaría para vivir sin problemas seguía siendo igualmente razonable, pero el sueldo requerido había dado un salto considerable. Estaba claro que con el aumento del nivel de bienestar económico, el cerebro se las arregla para adecuar, inmediatamente, lo que considera el nivel de ingresos necesario para mantener el nivel de felicidad.

Como dice Richard Layard, que llegó a la misma conclusión desde la London School of Economics, «la subida de un dólar en mis ingresos empuja hacia arriba en cuarenta centavos mi ingreso deseable, de manera que si gano un dólar extra ese año, me hace más feliz, pero al año siguiente compararé mi ingreso con una meta que es cuarenta centavos superior. En este sentido, por lo menos el 40 % de la ganancia de este año desaparece al año siguiente». Los ingresos que se estiman necesarios para ser feliz aumentan con los ingresos reales. Ése es, pues, el primer matiz que modifica sustancialmente la convicción generalizada de que el índice de crecimiento económico aumenta al tiempo que el de la felicidad sigue estancado. Pero existen otros matices psicológicos no menos importantes que apuntan en el mismo sentido.

Carlota abandonó hace un año su puesto de informática del espacio en un ente público del Gobierno que estaba muy bien pagado. Su trabajo consistía en convencer a los clientes potenciales de que se sometieran a una auditoría de seguridad informática que muy pocas instituciones, como la suya, estaban acreditadas internacionalmente para realizar. Pero a Carlota le angustiaba la idea de dedicarse a esa tarea durante toda su vida. Decidió cambiar de trabajo y aceptar una oferta peor remunerada en una editorial de libros científicos. Pero si alguien cree, por ello, que la felicidad de Carlota no estaba correlacionada con los ingresos, se equivoca. Un año después de su incorporación, el departamento de Recursos Humanos comunicó un aumento del 6 % en la nómina de todo el departamento, con la excepción de dos miembros de la plantilla que, por razones muy específicas, recibieron un incremento del 10 %. Carlota, a la que no le había importado asumir unos ingresos netamente inferiores al cambiar de ciudad y de profesión, puso el grito en el cielo amenazando, incluso, con dimitir por una diferencia de cuatro puntos porcentuales. La felicidad de Carlota no estaba correlacionada con los ingresos en general, sino con los ingresos relativos; es decir, con los sueldos de la gente que trabajaba con ella. No es de extrañar, pues, que los índices de crecimiento del producto nacional bruto no arrastren al alza el índice de felicidad individual. Lo que le importa a la gente son los ingresos relativos.

Por último, existe un tercer matiz psicológico que también distorsiona seriamente la supuesta insensibilidad de los índices de felicidad frente al crecimiento económico. Tiene que ver con la capacidad de adaptación del ser humano a la novedad y a situaciones consolidadas. No se trata sólo, como sugiere Daniel Gilbert, de que sobrestimamos el grado de felicidad vinculada a un acontecimiento futuro, que nos equivocamos en los pronósticos afectivos, sino que –incluso sin equivocarnos–, pasada la novedad, transcurrido un tiempo disfrutando del objeto, de la compañía de la persona o de la vivencia del acontecimiento activador de la felicidad, todo parece volver a la normalidad. Ya nadie se acuerda del viaje de novios, del lavavajillas nuevo o del coche recién estrenado.

A la luz de lo dicho, habría que recordarles a los pesimistas empeñados en pregonar que está ocurriendo algo muy grave, puesto que la riqueza y el bienestar económico van por un lado y la felicidad por otro, que determinados factores genéticos y psicológicos ajenos a esa relación neutralizan los aumentos esperados en el índice de felicidad.

Esta compensación negativa se ve agravada, además, por factores sociales como el aumento del alcoholismo, la drogadicción o la criminalidad. Curiosamente, los índices de delincuencia se dispararon a partir de los años cincuenta, en pleno auge económico. Es muy probable que, como auguraba el gran paleontólogo Stephen Jay Gould antes de morir, «no es nada seguro que caminemos hacia algo mejor si se estudia la historia de la evolución», pero pone los pelos de punta pensar en qué abismos estarían sumidos los índices de felicidad individual si no fuera por el constante crecimiento económico del último medio siglo.

La sociedad de las averías

A diferencia de la gran mayoría de españoles, soy un admirador de Estados Unidos. Existen razones personales que justifican mi admiración, pero, fundamentalmente, radica en la constatación, igual que en el Reino Unido, de los efectos singulares y permanentes de la revolución liberal inglesa del siglo XVII. Una revolución política que puso al rey y a los ciudadanos en igualdad de condiciones ante la ley común. En este sentido, algunos historiadores han afirmado que fue la única revolución realmente social de la historia de la humanidad. Cuatro siglos después, los dos países siguen siendo, prácticamente, los únicos en el mundo en los que el Estado no está blindado y sobreprotegido frente a la ley. La revolución francesa del siglo XVIII, extrañamente, estableció las libertades políticas e individuales de los ciudadanos, pero asumió el derecho del *Ancien Régime*. De ahí que en la gran mayoría de países europeos, la dictadura, como la franquista en España, se acomodara perfectamente con el régimen jurídico heredado. Al general Franco no le hizo falta modificarlo, porque el Estado ya estaba y sigue estando perfectamente blindado, jurídicamente, frente a sus ciudadanos; hasta cuenta con sus propios abogados del Estado y sus propios tribunales.

El párrafo anterior no tiene por objeto, en absoluto, combatir el antiamericanismo característico de la opinión pública europea continental, sino anticipar que el relato que sigue sobre mi último viaje a Estados Unidos no está influido por la opinión pública imperante acerca de esa parte del mundo, de la que me siento muy distanciado. La anécdota ocurrió durante una visita para conversar con varios científicos norteamericanos en distintos estados. La primera entrevista se realizó en Baltimore, con el astrónomo Mario Livio, gerente del programa del satélite *Hubble*. La siguiente estaba prevista en Filadelfia y se decidió hacer el viaje por carretera. El tráfico en la autopista era tan intenso que me dio tiempo a reflexionar largamente sobre los motivos ocultos por los que la primera potencia mundial soporta embotellamientos peores que las capitales de sus países aliados en Europa. El martirio que supone entrar y salir de las grandes ciudades americanas, el avasallamiento de los individuos por el tráfico rodado, el consumo de tiempo intolerable en los peajes, a pesar de los últimos adelantos en control automatizado, convirtieron aquel viaje en un vía crucis inimaginable, por ahora, en Europa.

Una vez terminado el trabajo en Filadelfia decidí coger un vuelo hacia Nueva York. El avión –sentarse en su interior fue una bendición tras haber superado todos los controles de seguridad– no pudo o no supo despegar. Después de algo más de una hora de espera, se nos comunicó que, por culpa de una avería, todo el mundo tenía que volver al punto de partida y esperar otro comunicado de la compañía aérea. Tras media hora de espera en la sala de salidas, decidí abandonar el aeropuerto y viajar en tren a Nueva York.

En la estación fue relativamente fácil conseguir un billete y esperar tranquilamente la salida del tren en un asiento bastante más holgado que el de la compañía aérea. Pero el tren no arrancaba. A la media hora, se anunció por el altavoz que el tren tenía una avería y que se intentaría acomodar a los pasajeros en el siguiente tren que ya estaba a punto de salir. Hubo que soportar el trasiego de pasajeros de un tren a otro y, sobre todo, las discusiones entre los viajeros del nuevo tren, repantigados en sus asientos desde hacía un buen rato, con sus maletines y ordenadores cómodamente abiertos en los asientos contiguos y hasta entonces vacíos, con los recién llegados del tren averiado. Al final, el transporte improvisado para dos colectivos en estados de ánimo dispares se puso en marcha. A unos veinte kilómetros de Nueva York, en medio de un descampado, el maquinista aminoró paulatinamente la marcha hasta que el tren se detuvo del todo. Al cabo de unos minutos, el servicio de megafonía explicó que unos siete trenes hacían cola para entrar en Nueva York debido a un incendio imprevisto en una parcela contigua a la ciudad. Pensé que eso era, exactamente, lo que yo quería decir con el concepto de la sociedad de las averías.

Con toda probabilidad, hace cincuenta años los trenes eran más incómodos y se averiaban más que ahora. Recuerdo perfectamente –aunque después de mi conversación con Oliver Sacks me resulta muy difícil utilizar este adverbio referido a la memoria– mis viajes ferroviarios desde Tarragona a Barcelona, en vagones de tercera clase, durante la infancia. Los asientos de los vagones eran idénticos a los bancos de madera pintada de verde que ahora se cotizan como reliquias en los jardines de las masías del Ampurdán. Entonces eran muy resistentes e incómodos en los viajes largos –el trayecto de Tarragona a Barcelona lo era–, y hoy son igual de resistentes e incómodos, pero bellos. El tiempo les ha otorgado una belleza que durante la posguerra no sabíamos apreciar. ¿Dónde yace la diferencia emocional entre entonces y ahora?

Sin lugar a dudas, en la masificación que confiere a cualquier anomalía un carácter catastrófico. Los viajeros del tren de Tarragona a Barcelona –en las carreteras sólo había un tráfico incipiente– constituían un grupo aislado y desconocido en el resto del Universo. Y, además, no podían contactar con nadie hasta que no llegaran a la estación de destino donde les esperaban –¡faltaría más!– la *tieta* y la abuela. En la entrada de Nueva York había siete trenes esperando, y un millón más de pasajeros, todos conectados con el resto del planeta, y yo en particular con San Cugat, cerca de Barcelona.

El 7 de julio del 2005 estaba en Londres cuando se produjeron los ataques de los terroristas islamistas contra las estaciones de metro y un autobús. Bastaron cuatro bombas con muy poca carga explosiva colocadas en los vagones para paralizar en un instante todo el tráfico de una ciudad de más de diez millones de habitantes. Cinco días después, todavía no se sabía con exactitud el número de muertos, ni se había podido identificar a muchos de los fallecidos, sepultados a más de treinta metros debajo de la superficie en la estación de King's Cross. Pero la misma tarde del atentado todo el mundo pudo contemplar el espectáculo sobrecogedor de la larga marcha a pie, silenciosa, de regreso a casa de centenares de miles de londinenses sin medios de transporte, con las manos vacías en los bolsillos y el firme propósito de que, pese al daño que les había infligido el enemigo, no conseguiría cambiar su forma de vida ni sus ideas.

¿Qué había ocurrido para que en pocos minutos la emoción básica del miedo desembocara en reacciones idénticas por parte de millones de personas? La extrema vulnerabilidad de las sociedades complejas que ponía de manifiesto la estrategia de los terroristas sugería, al mismo tiempo, la enorme complejidad y la diversidad de los factores que en cada caso determinan la decisión de *to fight or fly* (luchar o huir) en términos evolutivos. La emoción del miedo había desencadenado reacciones muy diferenciadas en los atentados de las Torres Gemelas de Nueva York, en los de la estación de Atocha de Madrid o en las bombas del metro y autobús de Londres. La amenaza del ataque de una hiena con que se enfrentaba el hombre primitivo desembocaba en una decisión solitaria y simple: optar entre quedarse y luchar o, por el contrario, huir. Las reacciones ante los atentados de Nueva York, Madrid y Londres no fueron simples. La respuesta evolutiva de luchar o huir estaba presente pero desdibujada por otras consideraciones de tipo social o político, como la reafirmación del sentimiento nacional, la voluntad de un cambio de gobierno o la de defraudar al enemigo. Las reacciones tampoco fueron, desde luego, solitarias: la revolución audiovisual y de las telecomunicaciones disuelve ahora, enteramente, la voluntad individual en una opción colectiva y concertada.

Si la felicidad es la ausencia del miedo –como se decía en los capítulos anteriores–, en la sociedad de las averías se multiplican los estímulos generadores del miedo pero se mediatiza su impacto negativo sobre los índices de felicidad mediante el respaldo colectivo y, en cierto modo, burocratizado del estamento de la interconectividad. Paradójicamente, la función de amparo frente a los accidentes o al cambio climático que desempeñaban el arte, la religión y el poder político hace treinta mil años –la razón de su existencia– la cumple hoy la tecnología. El ciudadano moderno delega, inconscientemente, en la Tecnosfera la angustia que le provoca la imprevisibilidad de los acontecimientos y las respuestas de lo que no tiene explicación. No le queda tiempo para otra cosa. Como dice el químico atmosférico James Lovelock, creador de la teoría de *Gaia*, a propósito del deterioro provocado en el medio ambiente, «nos pasamos el rato taponando las goteras del planeta en lugar de protegerlo para que no se produzcan».

Por último, la sociedad de las averías ha encontrado también la manera de apuntalar los índices de felicidad haciendo frente, mediante la llamada obsolescencia programada, a la adaptación a cada nuevo estímulo positivo al que se hizo referencia antes. El concepto se lo debemos al diseñador industrial norteamericano Brooks Stevens que, a mediados de los años cincuenta, lo definió como «la necesidad de destilar en la mente de los compradores el deseo de contar con un producto algo más novedoso, algo mejor, y un poco antes de necesitarlo». A diferencia del yogur, los fabricantes de equipos no dan a sus productos una fecha de caducidad, pero es como si la tuvieran. Los ingenieros han programado la vida útil de los coches, las neveras y los lavavajillas para un cierto período de tiempo, de tal manera que a ningún fabricante de piezas de recambio se le ocurrirá sacarlas al mercado con una vida útil superior a la calculada para todo el equipo. El marketing se condiciona al diseño estético de forma que la creación anual de nuevos modelos de coche, de ropa de temporada o el ciclo de la moda mantienen elevados niveles de producción, aunque caen los índices de satisfacción inherentes al uso prolongado de las cosas, o la tendencia atávica a acostumbrarse. El precio colectivo que se paga por ello, en términos de residuos, pérdidas en el valor de productos desechados antes de tiempo o polución, puede ser irrisorio comparado con el mantenimiento de los índices de felicidad.

A modo de conclusión, no parece que el crecimiento económico represента, para las sociedades complejas, el impacto negativo que muchos observadores le atribuyen en los índices de felicidad. Son otros factores psicológicos, como el efecto imán que los ingresos reales ejercen sobre el ingreso deseado, y otros factores sociales, como la creciente demanda de seguridad a raíz del aumento exorbitante de la criminalidad, los que enmascaran los efectos positivos del crecimiento económico sobre la felicidad.

Por otra parte, el desarrollo tecnológico de las sociedades complejas aumenta, innegablemente, su vulnerabilidad. Pero la revolución de las tecnologías de la información y las telecomunicaciones, lejos de atentar contra los índices de felicidad, han roto la soledad del individuo frente a la imprevisibilidad de los acontecimientos y socializado sus respuestas. Con todo, las sociedades complejas y sus índices de felicidad acusan los efectos terribles del ejercicio abyecto de un poder político que se quisiera más sensible, ejemplarizante, solidario y democrático.

CAPÍTULO 7

La felicidad programada: la comida, el sexo, las drogas, el alcohol, la música y el arte

Los paraísos artificiales. Motivación y recompensa

Por supuesto, los animales también sueñan. Gran parte de los sueños de los humanos tienen que ver, además, con el origen remoto y primordial de los sueños en el primer organismo que sirvió de puente entre los últimos reptiles y los primeros mamíferos. Probablemente, el primer sueño data de hace ciento cuarenta millones de años. Surgió cuando la creciente complejidad de la vida obligó a los organismos que nos precedieron a disponer de una cámara de simulación para el aprendizaje de lo que se les podía venir encima. Por ello, al lector no le extrañará que en la fórmula de la felicidad detallada en el siguiente capítulo figuren el aprendizaje, lógicamente, y –¡sorpresa, sorpresa!– el desaprendizaje consciente. Las imágenes de persecuciones y lucha por la supervivencia siguen siendo las más comunes en los sueños multitudinarios de las ciudades dormitorio de las grandes urbes modernas.

Ahora bien, las preguntas que se hacen en la oscuridad de la noche los humanos, en una ciudad dormitorio, y las que se hacía el primer mamífero originado en los antiguos reptiles en el crepúsculo –tenía que ganarse la vida de noche, porque de día los imbatibles dinosaurios no le dejaban vivir– son radicalmente distintas. «¡Dios mío, un día me moriré!» «¿Quién cuidará de mis hijos si no consigo volver?» «¿Puede calentarse el planeta hasta el extremo de que todo sea un desierto?» «¿Quién impedirá que la siguiente bomba de un suicida fanático en el metro no termine con mi vida?» Como decía Robert Sapolsky, el estrés provocado por motivos imaginados es característico del ser humano.

Las imágenes configuradas en la mente no pueden ser un mero producto del sistema de percepción visual. Hace falta una parte muy desarrollada del cerebro, el neocórtex, para poder soñar más allá de lo experimentado previamente y poder dar una respuesta, también característicamente humana, al estrés imaginado. La búsqueda de protección transcurre por los mares de la religión, el poder, las drogas, el alcohol, la música y el arte. Son respuestas extraordinarias en el sentido literal de la palabra.

La felicidad programada tiene que ver con la capacidad de imaginar situaciones estresantes y de adentrarse voluntariamente en el mundo de los sueños. Los atajos se asemejan, en ciertos aspectos, al sueño lúcido que se quisiera controlar despierto. Los sueños, a su vez, están ligados al predominio de las imágenes visuales. La única diferencia entre nuestros sueños y las alucinaciones de los esquizofrénicos es que ellos a veces oyen voces. Es preciso detenerse, pues, un instante, en la formación y la función desempeñada por las imágenes visuales en los procesos de ensoñación.

El ojo suministra la información sobre la luz y la oscuridad, pero no contribuye en nada al significado y la percepción de las cosas. Hace falta algo más para soñar una imagen que vivíamos como real. La visión no se puede explicar, como dice Daniel Dennett, catedrático de Filosofía de la Tufts University de Massachusetts, como un proceso que va de abajo hacia arriba. Veamos ese proceso tal y como lo describe la escritora estadounidense Andrea Rock después de contrastarlo con muchos fisiólogos y neurocientíficos: «Cuando estamos despiertos, los puntos desordenados que representan la actividad eléctrica generada por la retina, golpeada por fotones, se proyectan a una repetidora ubicada en el tálamo que, a su vez, los retransmite al córtex visual primario. A continuación, las señales se dirigen a distintos sistemas neuronales especializados en tareas dispares como el reconocimiento facial, la articulación de movimientos o de colores. Finalmente, toda esta información fluye hasta la parte más elevada del sistema visual, llamado córtex asociativo, que almacena la memoria, dirige los aspectos más abstractos del proceso visual y recompone la imagen que vemos».

Esta larga cita de un texto estrictamente descriptivo tiene un gran valor no tanto por lo que relata, sino por lo que implica: nuestra percepción visual del Universo tiene un componente imaginado casi exclusivo –algo o alguien construye la imagen final a partir de unos puntos desperdigados–. De hecho, casi todo el proceso podría ser perfectamente inconsciente. En realidad, no más de un 5 % de la actividad mental se desarrolla de manera consciente.

La ciencia está contestando a la vieja pregunta de Newton a la que me refería al principio del libro aduciendo que se trata de representaciones de imágenes ideadas: «¿Cómo puede una masa informe cerebral –exclama Newton– acabar pensando y sintiendo la gloria de los colores?». «El mundo que vemos –le contesta J. Allan Hobson, psiquiatra y neurocientífico del Instituto de Salud Mental de Massachusetts– no es más que una secuencia de estructuras de activación de neuronas que representan imágenes. Se acabó el juego.»

La felicidad programada: las representaciones mentales de los placeres vinculados a la comida y el sexo, o fruto de las drogas, el alcohol, la música y el arte, son las protagonistas de este mundo de imágenes medio real y medio imaginado. En el caso de las drogas se trata de un mundo descubierto en un momento dado pero varias veces milenario. Se tiene constancia de que los humanos utilizan la nicotina desde hace diez mil años, la coca desde hace siete mil y que dominan el secreto de la obtención de bebidas alcohólicas por fermentación desde hace seis mil años, por lo menos. Mucho antes de que la medicina se ocupara de erradicar enfermedades, los mismos pacientes buscaban, por su cuenta, conductos para reforzar su sentimiento de felicidad.

A la medicina moderna, que se quisiera más preventiva y centrada en los mecanismos del bienestar, se le ha reprochado que no explicara desde bases científicas los recursos a los que ya recurrían nuestros antepasados más remotos, y que no investigara sus posibles aplicaciones médicas. Mientras los médicos seguían centrados en curar enfermedades, sus pacientes se interesaban por la medicina preventiva, por la forma de evitar las enfermedades. Ocurría lo mismo con los neurocientíficos: relacionaban el cerebro con las disfunciones y las patologías, mientras sus pacientes exploraban la relación entre la mente y el bienestar metabólico.

En nuestra sociedad, fascinada por las inversiones multimillonarias, afloran, en clara contraposición, actitudes que denotan un déficit agobiante de mantenimiento. ¿Qué hace que una persona se sienta feliz? ¿De qué recursos dispone el cerebro que la medicina podría utilizar? ¿Cuáles son las implicaciones biológicas, incluidos los riesgos, de la experimentación con el placer? ¿Cuántos tipos de placer existen en el cerebro? ¿Tiene cada tipo de placer su propio sustrato neurológico? Estas cuestiones serán cada vez más importantes en la sociedad del futuro, centrada en el mantenimiento. La respuesta a muchos de estos interrogantes todavía no es fiable, pero existen suficientes indicios experimentales para sugerir que la gran mayoría de los placeres comparten numerosas fases de sus circuitos cerebrales. Y no sólo los placeres específicamente sensoriales como la comida o el sexo. Probablemente ocurra lo mismo con los afectos –y no sólo los placeres– como el amor, con sentimientos de bienestar activados por la música y el arte, e incluso con apreciaciones de orden ético o moral.

¿Cuáles son los riesgos, si los hay, de conductas como la dependencia característica a las drogas adictivas? De entrada, todo abuso del placer de comer, hacer el amor, drogarse o abstraerse en el arte y la música comporta disfunciones más tolerables unas que otras. En el caso de la comida y el sexo, está clarísimo que sin los mecanismos neuronales del sistema de recompensa y motivación, si no se saboreara y disfrutara de la comida y el sexo, la especie habría muerto de inanición y no se habría perpetuado. De ahí el éxito de la buena cocina y la garantía de que el sexo promoverá la perpetuación de la especie. Pero incluso estos dos atajos vinculados directamente a la supervivencia directa de la especie comportan cierta mesura en el acceso al placer. Los sistemas de recompensa son centros del sistema nervioso central que obedecen a estímulos específicos y naturales. Regulados por neurotransmisores, permiten que el individuo desarrolle conductas aprendidas que responden a hechos placenteros o de desagrado. El área tegmental ventral y sus proyecciones dopaminérgicas hacia el núcleo accumbens constituyen la región principal que posibilita el desarrollo de estas conductas. Esta vía natural es un circuito emocional que está presente en todos los mamíferos y origina las conductas aprendidas para la supervivencia y la reproducción.

La comida, en exceso o en escasez, entraña distorsiones como la obesidad, la bulimia o acumulaciones tóxicas dañinas para la salud. Ocurre igual con el sexo, que puede conducir –como se vio en el capítulo 1 con la rata marsupial australiana– a un descuido del mantenimiento o a la desorganización del entramado social. La evolución asume cierta cordura en la utilización de los canales de acceso al placer vinculados a la supervivencia. Incluso en el caso de las drogas, el arte y la música, en los que, como se verá más adelante, los mecanismos de compensación se fundamentan en los efectos positivos de la mente sobre el cuerpo.

Se trata de un proceso neurobiológico complejo, íntimamente relacionado con el mecanismo de recompensa del sistema límbico, basado en las señales de la dopamina, las endorfinas y, muy probablemente, en los mecanismos morfinérgicos de tipo endógeno. Los circuitos neuronales del mecanismo de motivación y recompensa están presentes en todos los organismos vivos desde la mosca de la fruta *Drosofila melanogaster* hasta los humanos, pasando por las ratas. Hay quien sólo puede explicar determinados comportamientos de las bacterias recurriendo también a un mecanismo de motivación y recompensa. Los mecanismos de placer han gobernado el instinto de las especies de alimentarse y reproducirse, además de activar la búsqueda de sensaciones de bienestar provocadas por las drogas y los estímulos artísticos.

El sentimiento de placer es muy poderoso. Si algo es placentero, queremos repetirlo. Actividades vitales como comer o copular, o las expresiones artísticas, activan un circuito especializado de neuronas que producen y regulan la sensación de placer. Estas neuronas están situadas encima del tronco encefálico en el área ventral tegmental. Desde allí, utilizando sus axones, las neuronas transmiten sus mensajes a las células nerviosas situadas en el núcleo accumbens. Ésa es la anatomía del circuito neuronal del llamado sistema motivacional y de recompensa. Pero lo interesante –al recordar el sentimiento de incredulidad que suscitaba constatar el papel trascendental de la expectativa del placer en mi perra *Pastora*, o en la fórmula de la felicidad que desarrollamos en el capítulo siguiente– es que la hormona dopamina, considerada esencial en los mecanismos del placer, fluye en estos circuitos anticipándose a los hechos.

Los flujos de dopamina se ponen en marcha con la simple expectativa de placer, aunque luego no se materialice. En otras palabras, tienen que ver más con el deseo que con el propio placer. Se ha comprobado que determinados fármacos como los antipsicóticos, que reducen la cantidad de dopamina, merman la búsqueda de estímulos placenteros sin debilitar la capacidad de gozar cuando estos estímulos se cruzan en el camino de la persona observada. En otras palabras, los antipsicóticos reducen la intensidad del deseo, pero no la capacidad de

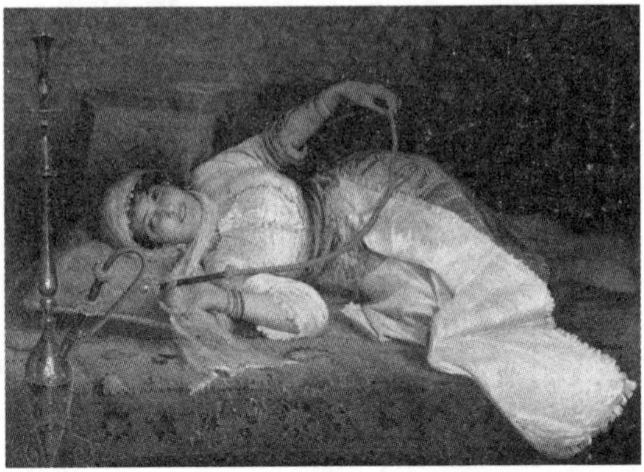

Atajos a la felicidad: el alcohol, las drogas, la gula, el sexo. De arriba abajo y de izquierda a derecha: *Absenta,* de Edgar Degas; *La pipa de opio,* de Leon Herbo; *La bacanal,* de Peter Paul Rubens, y una imagen erótica de un libro indio.

experimentar placer cuando se consuma. Se trata de un descubrimiento trascendental, aunque su significado se haya perdido, hasta ahora, en la profusión de artículos y ensayos de la comunidad científica internacional.

Los neurocientíficos saben desde hace tiempo que las drogas, la comida, el sexo y otros estímulos de los que disfrutamos, como la expresión artística, provocan bienestar porque, al final del camino, todos estos factores maximizan los sistemas cerebrales de compensación. Nadie discute ya la existencia de circuitos neuronales de premio y motivación. Estos circuitos especializados median en los mecanismos del placer. Los estímulos psicomotores y los opiáceos –que causan un efecto parecido a los estímulos experimentales eléctricos– activan este sistema de recompensa en las zonas indicadas utilizando neurotransmisores como la dopamina, el glutamato, la serotonina, las hormonas del estrés, los péptidos de morfina de producción endógena, y sustancias como la cafeína, el etanol o la nicotina. El sistema neuronal relacionado con los procesos de recompensa, memoria y motivacion, pues, está perfectamente emplazado y vigente desde tiempos inmemoriales. Los mecanismos de transmisión, además, son idénticos en el caso de las sustancias endógenas y artificiales.

Ahora bien, un buen día los humanos descubrieron medios artificiales, externos, para activar esos mecanismos de placer que eran competencia de los circuitos de motivación y recompensa del sistema nervioso. Pero la desmesura en el uso de esos medios crea problemas de adicción y toxicidad extremadamente graves. ¿Cuáles son las bases biológicas del problema de la adicción? El número del 1 de julio de 2005 de la revista *Science*, que celebraba el ciento veinticinco aniversario de la revista, presenta una lista de los ciento veinticinco interrogantes más importantes que debería explorar la comunidad científica, y uno de ellos es esclarecer las bases moleculares de la adicción. La revista lo exponía así: «La adicción supone desbaratar el circuito cerebral de recompensa y motivación, aunque los rasgos de la personalidad como un carácter impulsivo y las ansias de experimentar nuevas sensaciones influyan en la conducta».

Neurocientíficos como Terry E. Robinson y Kent C. Berridge, profesores de la Universidad de Michigan, han comprobado que el uso de drogas usurpa, literalmente, el usufructo de los circuitos neurales vinculados a la sensación de placer, los incentivos motivacionales y de aprendizaje. Como es lógico, estos circuitos no evolucionaron para mediatizar el efecto de las drogas, sino para conferir seguridad y propiedades psicológicas de recompensa a los estímulos que resultaban beneficiosos para sobrevivir, como la alimentación, el agua y el sexo. Ahora bien, las drogas «comprometen estos sistemas cerebrales de recompensa con tanto o mayor compromiso que las sustancias naturales y se han encontrado neuroadaptaciones a nivel molecular, celular y del sistema neuronal inducidas por las drogas». Son estas neuroadaptaciones inducidas las que desencadenan el proceso adictivo, si bien todavía se desconocen la causa y los detalles psicológicos concretos que modelan este proceso.

La aparatosidad de algunas conductas, sobre todo delictivas, dimanantes de la drogadicción, no dejan lugar a dudas de que ni la búsqueda del placer, ni la dependencia generada, ni los efectos clínicos del síndrome de abstinencia pueden explicar por sí solos el uso compulsivo de la droga por adicción. ¿Quién no ha conocido a un enfermo de cáncer que no puede renunciar al tabaco? ¿O a un paciente con cirrosis que sigue bebiendo? ¿Cuáles son los mecanismos concretos, a partir de las neuroadaptaciones a las que se hace referencia en el párrafo anterior, que explican la adicción? Las investigaciones en curso darán pronto la respuesta, pero, de momento, existe un consenso generalizado sobre el hecho de que la extraordinaria plasticidad del cerebro cobija la adicción irrenunciable.

El grado de interconectividad e integración cerebral es tal vez mayor de lo que se creía. El sistema de recompensa seguiría teniendo fácil acceso al sofisticado córtex cerebral, pródigo en habilidades asociativas y de cálculo. Pero, simultáneamente, se está descubriendo una trama de intrincadas conexiones entre la parte más sofisticada del cerebro y las columnas básicas que sustentan la parte más ancestral. Para investigadoras como Anne E. Nelly, los circuitos neuronales responsables del sistema motor, de la toma de decisiones y de funciones ejecutivas también podrían influir en los instintos básicos, sin que los sistemas motivacionales dejaran de colorear emocionalmente, e imprimir su sello –a través de la memoria, tan cara a la amígdala–, a los procesos conscientes, desviándoles hacia caminos opacos para la maquinaria consciente.

Se trata de una visión algo más amable que la expuesta en el capítulo 2, al ensanchar ligeramente el camino para los mensajes del consciente al inconsciente, aunque deja intacta la autopista en sentido contrario, hasta el punto de configurar algo tan inexplicable como los efectos catastróficos de la adicción. La memoria visceral de la panda de amigos con los que se consumió droga la última vez y el recuerdo del placer obtenido bastarían para deslizar al protagonista hacia la recaída. Pero no es todo. Las últimas investigaciones ponen de manifiesto que –mucho antes de que llegara la terapia génica y entráramos en la era del control biológico– la humanidad ya estaba alterando su constitución genética mediante el uso prolongado de los opiáceos. Los últimos descubrimientos revelan que mediante la droga no sólo se pueden construir atajos a la felicidad, sino alterar el concepto de la felicidad misma y sus mecanismos de búsqueda-recompensa.

Hoy en día existen pruebas de que la administración de opiáceos, tanto crónica como aguda, podría activar distintas vías intracelulares que alteran la expresión de los genes. Es importante observar que una corta señal opiácea aguda puede transformarse en alteraciones a largo plazo en la transcripción genética, implicando una cascada de cambios en el genoma que, a su vez, podría intervenir en los mecanismos de desarrollo de la adicción a opiáceos.

Las artes plásticas y la música

Todos los humanos compartimos –y los esquizofrénicos y los deprimidos bipolares en mayor grado– un rasgo biológico cognitivo de nuestra personalidad que es la desinhibición. A mayor desinhibición, mayor creatividad y, por lo tanto, más expedito queda el camino para la creatividad artística y musical. Las artes plásticas y la música generan, como la buena comida, el sexo y las drogas, un sentimiento de bienestar. Escuchar buena música y componerla forma parte, igualmente, del sistema motivacional y de recompensa que garantiza la supervivencia mediante la búsqueda del bienestar. Quizá componer música resulte más misterioso para la gran mayoría que preparar una receta exquisita, pero no es una razón suficiente para intentar separarla, alegando una supuesta espiritualidad de la música, del entramado de circuitos neuronales a los que se ha hecho referencia a lo largo de este capítulo.

Las investigaciones más recientes han revelado que la música, al actuar sobre el sistema nervioso central, aumenta los niveles de endorfinas, los opiáceos propios del cerebro, así como los de otros neurotransmisores, como la dopamina, la acetilcolina y la oxitocina. De las

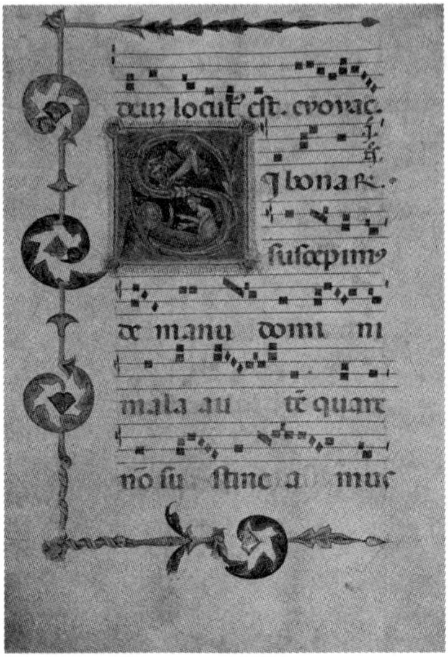

La música activa los mismos mecanismos cerebrales que la comida y el sexo. Partitura en un códice italiano del siglo XIV.

endorfinas se ha descubierto que dan motivación y energía ante la vida, que producen alegría y optimismo, que disminuyen el dolor que contribuyen a la sensación de bienestar y que estimulan los sentimientos de gratitud y satisfacción existencial.

En el Centro de Investigación de la Adicción de Stanford, el farmacólogo y neurobiólogo Avram Goldstein comprobó que la mitad de las personas estudiadas experimentaban euforia mientras escuchaban música. Las sustancias químicas sanadoras generadas por la alegría y la riqueza emocional de la música capacitan al cuerpo para producir sus propios anestésicos y mejorar la actividad inmunitaria. Goldstein formuló la teoría de que las «emociones musicales», es decir, la euforia que produce escuchar cierta música, eran consecuencia de la liberación de endorfinas por la glándula pituitaria, es decir, fruto de la actividad eléctrica que se propaga en una región del cerebro conectada con los centros de control de los sistemas límbico y autónomo.

Más recientemente, el *Journal of the American Medical Association* publicó los resultados de un estudio de terapia musical realizado en

Austin en 1996. La estimulación de la música aumenta la liberación de endorfinas y disminuye la necesidad de medicamentos. «También es un medio para distraerse del dolor y aliviar la ansiedad», explicó uno de los investigadores. En un estudio publicado el año 2001 por Anne J. Blood, de la Universidad MacGill de Montreal, y Robert J. Zatorre, de la Universidad Washington de San Luis, Missouri, se demuestra, mediante tomografía por emisión de positrones (PET), que las respuestas placenteras a la música están correlacionadas con la actividad de las regiones del cerebro implicadas en los mecanismos de recompensa y emoción. Entre éstas se encuentran la amígdala, el córtex prefrontal, el córtex orbitofrontal y otras estructuras que también se activan en respuesta a otros estímulos inductores de euforia como la comida, el sexo o las drogas. Este estudio sugiere que la música recluta sistemas neuronales similares a los que responden específicamente a los estímulos biológicamente importantes, relacionados con la supervivencia –como el sexo y la comida–, y también a otros que se activan artificialmente mediante las drogas. La activación de estos sistemas cerebrales por parte de la música podría representar –de acuerdo con estos investigadores– una propiedad emergente de la complejidad de la cognición humana. La capacidad de la música de inducir un intenso placer y la estimulación de sistemas de recompensa endógenos sugieren que, aunque la música no es estrictamente necesaria para la supervivencia de la especie humana, constituye un beneficio significativo para nuestro bienestar físico y mental.

Sin embargo, a lo largo de los siglos, se ha atribuido al arte una dimensión especial, espiritual y cultural que lo distinguiría, de alguna manera, de los atajos más prosaicos hacia la felicidad, relacionados principalmente con el sistema sensorial. Las «bellas artes» despertarían reacciones afectivas positivas, por describir de alguna manera las sensaciones placenteras o incluso euforizantes que puede causar el arte frente a respuestas meramente sensoriales.

Algunos detractores de las posibles cualidades extrasensoriales de la música no consiguen acallar la mayoría de voces que se inclinan hacia el arte con gesto reverencial. ¿Qué pretende, por ejemplo, el gran neurocientífico Steven Pinker, profesor de Psicología en la Universidad de Harvard, al afirmar que «el efecto directo de la música es, simplemente, la generación de placer sin sentido»? Por supuesto, la música es como la comida, el sexo o las drogas. A Pinker le cuesta admitir, probablemente –por el cuestionamiento que implica de su tesis de que el lenguaje es una cualidad innata de los humanos–, que la música haya precedido al lenguaje como medio de comunicación en los tiempos primordiales. Para Pinker, la música es un accidente feliz producto de mecanismos mentales que no están previstos para este fin. Pero ¿a qué emociones apelan el arte y la música? ¿Por qué, al margen de su valor intrínseco, a veces difícil de calibrar, actúan como imanes sobre los seres humanos? ¿A qué función biológica puede servir nuestra misteriosa atracción hacia el arte? A pesar de los factores culturales que influyen en el arte, ¿podrían existir leyes universales que estructurasen todas las experiencias artísticas?

Hasta hace pocos años, las preguntas en torno a la filosofía del arte no pretendían hallar respuestas científicas, en parte porque no existían los medios para comprobar las reacciones cerebrales ante los estímulos artísticos. Tampoco parecían interesar excesivamente las posibles respuestas de la ciencia frente a un mundo artístico que parecía mágico, casi religioso. El arte conmovía las mentes, agitaba el espíritu, alegraba los ánimos decaídos. El arte «funcionaba», y eso bastaba. Actualmente se están desarrollando importantes investigaciones sobre el efecto del arte en el cerebro, como las mencionadas en los párrafos anteriores, y se dispone ya de datos científicos que pueden contraponerse a las teorías clásicas del arte barajadas hasta ahora. Aquí sugerimos que el arte y la música formaban parte de la «búsqueda de amparo» del hombre primitivo que, anonadado por la angustia del miedo, buscaba respuestas en la religión, el arte y la organización política. Se trata de una búsqueda mediatizada por el sistema límbico para paliar las dificultades de la supervivencia. Es una concepción biológica o cerebral. Existen otras interpretaciones complementarias del papel del arte en la psique humana y, posiblemente, en el amalgama de todas ellas y en los misterios a los que dará respuesta la ciencia en el futuro esté el secreto del efecto del arte en los seres humanos.

Sabemos, por ejemplo, que la música es un proto-medio de expresión que sirve para comunicarse. Precede al lenguaje y era utilizado por los grupos de homínidos cuando todavía no sabían vocalizar. Ésta es la tesis de Steven Mithen, profesor de Prehistoria de la Universidad de Reading, en el Reino Unido, basada en el estudio de los fósiles, la prehistoria del cerebro y el lenguaje de los niños, más musical que el nuestro. Este lenguaje sirve también para desahogar las emociones. Es un medio de comunicación que ayuda a paliar el sentimiento de soledad y refuerza la cohesión social, según las tesis de Robin Dunbar, investigador en Psicología Evolutiva y Ecología del Comportamiento de la Universidad de Liverpool. Lord Byron lo expresaba de otra manera diciendo que la poesía es «la lava de la imaginación cuya erupción evita el volcán». Otros afirman que la música es el resultado de la selección sexual. El artista utiliza sus habilidades específicas en el campo del arte para convencer a su pareja de la primerísima calidad de sus genes. Es una visión –la de Geoffrey Miller, profesor de Psicología de la Universidad de Nuevo México, entre otros– excesivamente darwinista, pero que no está reñida con las dos anteriores.

Son parte de las respuestas socioculturales y filosóficas. Pero apartemos por un momento también las explicaciones psicológicas y sociológicas del innegable impacto del arte y la música en el sentir humano. Busquemos otra vez datos científicos que avalen o desmientan estas teorías. Traspasemos la frontera de lo visible y escudriñemos de nuevo las reacciones de nuestro cerebro cuando estamos inmersos en un acto creativo, como receptores o como creadores. Semir Zeki utilizó la técnica de las imágenes de resonancia magnética funcional para hallar la respuesta. Comprobó que las personas a las que enseñaba cuadros que consideraban hermosos activaban con fuerza ciertas partes de su cerebro. Al aplicar esta técnica a personas creativas, comprobó que éstas tendían a ciertas respuestas típicas de actividad cerebral. Los análisis genéticos posteriores de estos sujetos creativos revelaron, además, parecidos en las áreas del genoma humano pertinentes, sugiriendo que algo tan ligado a la cultura como el arte probablemente no esté solamente relacionado con el entorno, sino también con la genética. Habría, pues, una predisposición hacia el goce artístico, situada en el cerebro y en los genes. De entrada.

Estamos sentados en un patio de butacas frente al escenario en el que se representará *El lago de los cisnes*. El telón está a punto de levantarse. No todo el mundo dispone de la misma capacidad de disfrutar del espectáculo, ni todos los intérpretes poseen la misma capacidad de emocionarnos. Para contestar la pregunta de por qué algunos intérpretes nos conmueven mientras que otros nos dejan indiferentes, el coreógrafo Ivar Hagendoorn estudió el efecto del baile sobre el espectador. Partiendo de la premisa de que los seres humanos tienen una sensibilidad especial para reconocer los movimientos humanos, y teniendo en cuenta que si se muestran dos posiciones corporales se conectarán mentalmente con un movimiento virtual anatómicamente practicable, llegó a la conclusión de que se trata de una habilidad que no sólo reside en el sistema motor, sino también en el sistema perceptual. Contemplar una fotografía de un objeto o un ser humano en movimiento activa las áreas del cerebro que rigen los comportamientos motores. Contemplar receptivamente un espectáculo de danza sumerge a la mente en sensaciones motoras, como las que puede experimentar quien se sumerja en la imaginación visual. «Así –afirma Hagendoorn–, cuando se ve bailar, se está bailando. Esto explicaría por qué ver bailar a menudo crea la necesidad de bailar.» Las sensaciones motoras permiten experimentar el movimiento mentalmente, sin mover el cuerpo, superando así, mágicamente, las limitaciones de nuestra anatomía.

Desde el principio del libro he insistido en que uno de los principios más importantes de la felicidad son los sentimientos de competencia y de autonomía. Y los individuos capaces de disfrutar del arte pueden acceder a la experiencia de superar sus propias limitaciones –físicas, en la danza, o de cualquier índole, según la disciplina artística–. Un milagro que explica, en parte, el aura mágica que rodea al arte. Una posibilidad sencilla, que no necesita una máquina del tiempo ni ningún artilugio futurista para trasportarnos, fugazmente, al lugar donde siempre quisimos estar. Bailar en el Bolshoi, contemplar el mar tempestuoso a bordo de un barco de Turner, acariciar las curvas de la *Maja desnuda* o descansar a orillas de un Sorolla soleado, es una forma de alejarse de las propias limitaciones, de viajar hacia la felicidad, pudiendo regresar sin peligro y sin efectos secundarios.

Las drogas prometen algo muy parecido, pero sus efectos no se controlan tan fácilmente. A veces, el viaje placentero a la felicidad se torna amenazante y peligroso, cuando no mortal. Y sus efectos secundarios son temibles. Muchas drogas –tal vez todas, en mayor o menor medida– crean adicción y tolerancia, obligándonos a ingerir cada vez cantidades más elevadas de sustancia, de forma regular, para conseguir los mismos efectos. Y, casi con certeza, deterioran nuestro cerebro de forma irreversible.

El efecto de cambio máximo

Como se ha apuntado anteriormente, las drogas actúan sobreestimulando los circuitos neuronales. El arte también. Y no sólo a través de la activación de los circuitos de recompensa. Vilayanur S. Ramachandran, director del Center for Brain and Cognition de la Universidad de California, en San Diego, ha desarrollado una teoría del arte que se basa, por vez primera, en los nuevos conocimientos neurológicos. Él y su colega William Hirstein proponen una lista de ocho leyes universales de la experiencia artística, de la que quisiera destacar una en particular: el fenómeno psicológico del *peak-shift effect* o efecto de cambio máximo. En resumen, se trata de una exageración de los rasgos que actúa poderosamente sobre la mente, contribuyendo a que la percepción se intensifique. Basta citar, como ejemplos, las formas anatómicas exageradas de las mujeres en el arte indio, los cómics o los juegos de ordenadores –por no referirse a una marca de muñecas que sigue batiendo récords de popularidad en el transcurso de los decenios y las modas–. El sistema visual reconoce de inmediato estos rasgos y, con la exageración, reacciona de forma más intensa de lo habitual.

El «efecto de cambio máximo» es un conocido principio que rige el proceso de discriminación en el aprendizaje de los animales. Por ejemplo, si se le enseña a una rata a distinguir un cuadrado de un rectángulo, y se la premia al identificar el rectángulo, aprenderá muy deprisa a reaccionar ante los cuadrados. Más aún, si se entrena a la rata con un prototipo de rectángulo con una determinada proporción, la rata reaccionará todavía más positivamente si se le muestra una figura aún más fina y alargada. Este curioso resultado implica que lo que la rata aprende a valorar, en realidad, no es un rectángulo en particular, sino una norma: en este caso, que los rectángulos son mejores que los cuadrados. Cuanto mayor sea la proporción entre los lados cortos y los largos, es decir, cuanto menos aspecto de cuadrado tenga, «mejor» rectángulo le parecerá a la rata.

Es el llamado *peak-shift effect*. Ramachandran sugiere que este principio es clave para entender el poder de evocación del arte visual. El artista no sólo intenta capturar la esencia de algo, sino magnificarla para activar con más intensidad que el objeto original los mecanismos neurológicos.

En los últimos tiempos, la ciencia ha empezado a desvelar las razones del impacto del arte en la psique humana. Hasta ahora, todo eran teorías acerca de la importancia del arte como factor liberador, comunicador, estimulante... Las primeras explicaciones lógicas refuerzan las intuiciones: el arte actúa como un potente estimulador mental. No sólo porque activa los circuitos de estímulo y recompensa, sino porque consigue, además, atrapar y excitar nuestra atención por una parte, y liberarnos de nuestras ataduras –anatómicas, geográficas o psíquicas– por otra. La química entre el arte y el receptor es muy variable, pero puede llegar a ser muy potente, tanto como una droga, pero sin los efectos perniciosos de ésta. El arte altera nuestra conciencia, nos ayuda a superar la realidad y a tocar, de refilón, el cielo de la felicidad.

Los mecanismos descritos han permanecido inalterables durante miles de años. Los circuitos neuronales que han regido el placer y la felicidad son los mismos. ¿Y los resultados? En el corto plazo de cuarenta años, desde luego, podría parecer que nada ha cambiado. En Londres ya no se ven las tiendas de la cadena Lyons que en la década de los sesenta estaban en todas las esquinas. Pero el *fish and chips* de los pobres sigue en cualquier *pub* o restaurante, aunque ahora sea un plato de lujo. ¿Algún científico puede demostrar, pruebas al canto, que la gente de Londres es ahora menos feliz que entonces? Lo dudo, pese a las bombas de los terroristas. Ni creo que se pueda demostrar nunca. Y, sin embargo, algo fundamental ha cambiado. No se puede palpar y, menos aún, ver en el rostro de la gente.

Se trata de algo intangible oculto en el sistema nervioso central y, particularmente, en su parte más ancestral. Al comienzo de este capítulo se sugería que las preguntas que se formulan los ciudadanos en las ciudades dormitorio antes de dormirse habían cambiado. Respecto a los circuitos del sistema de recompensa del sistema límbico, lo que ha cambiado es, obviamente, la magnitud del premio. Ahora las recompensas son abracadabrantes en comparación con la modesta magnitud de los premios de antaño: comer, copular, estar más seguro en la cueva; en definitiva, sentirse bien. En la actualidad, por el contrario, los retos que garantizan la supervivencia son tan inconmensurables como la defensa de las libertades individuales, en cuyo espacio vacante se asienta el ejercicio abyecto del poder político, o, en el extremo opuesto, la entrada inmediata en el paraíso, una recompensa sobredimensionada comparada con el hecho vulgar de poner una bomba, ganar las próximas elecciones generales, cambiar de país de residencia, llegar a la Luna, que lo pierdan todo los norteamericanos, que los dos mil millones de chinos no invadan los mercados internacionales, sustituir al sistema inmunitario que, a partir de los cincuenta años, cuando aparecen las enfermedades degenerativas como el Alzheimer, cuelga el letrero de «cerrado».

Si la selección natural requiere estímulos adecuados para lograr objetivos tan estrambóticos como los citados, no sería extraño que los mecanismos milenarios del placer y la felicidad no dieran abasto. Tenemos objetivos grandiosos y radicalmente nuevos de los que, supuestamente, depende nuestra felicidad, pero los mecanismos neuronales de recompensa siguen siendo los mismos de siempre, enfocados a objetivos de supervivencia tan pedestres como la comida, el sexo, o la repugnancia.

De entre el ramillete formado por los grandes descubrimientos científicos, quisiera centrarme en una pequeña cereza. Fue uno de los últimos legados de Francis Crick, poco antes de morir, cuando –hastiado tal vez de la gloria de haber descubierto, con James Watson, la estructura de la molécula que anunciaba del «secreto de la vida», el ADN– volvió su atención hacia el estudio de la conciencia. Crick intuía el escandaloso vacío en las tareas de mantenimiento de los humanos, tras haber contribuido como pocos al esclarecimiento de los mecanismos genéticos de la inversión más absorbente, que consumía más recursos: la reproducción. Además, Francis Crick tenía un sentido del humor arraigado en su esnobismo inglés, un factor que, por derecho propio, sin pruebas y sin que se desprenda de nada de lo expuesto, debería figurar en la fórmula de la felicidad del próximo capítulo.

–Siento mucho la interrupción –dijo un científico en cuyo despacho se encontraba un amigo mío, mientras colgaba el teléfono tras diez minutos de conversación–. Era Francis Crick.

–¿Le pasaba algo? –inquirió mi amigo, consciente de su enfermedad y de su avanzada edad.

–Está furioso, porque su editor le ha devuelto un manuscrito alegando que no lo entendería nadie y diciéndole que volviera a redactarlo después de haber hablado con la gente de la calle. ¿Sabes qué me ha preguntado?

–Ni idea –contestó mi amigo

–¡Que si yo conocía a alguien de la calle!

A Francis Crick la búsqueda de la conciencia le llevó al estudio de los sueños y al descubrimiento del aprendizaje invertido. En la fase REM de los sueños, aunque no sólo en ella, se produce un espectáculo fascinante. El hipotálamo ha almacenado las experiencias acumuladas durante el día y se dispone a transferirlas al sistema que gestiona las emociones para que les dé su sello inconfundible, antes de comunicarlas al cerebro consciente y más evolucionado en forma de memoria. En este tráfico, el cerebro aprovecha para depurar la información. Sólo se puede conservar lo realmente importante, pero para ello hay que ser capaz de tirar por la borda todo lo que no tiene sentido. Desprenderse tanto de lo irrisorio como de lo que es producto de asociaciones infundadas garantiza que sólo se archivará lo indispensable para el futuro. Es el aprendizaje invertido que el cerebro realiza gratis y por su cuenta todas las noches. Y ahí termina todo, desgraciadamente.

¿Por qué desgraciadamente? Porque cuando estamos despiertos nada ni nadie completa estas tareas de desaprendizaje. En la vida consciente los individuos y las instituciones sólo se atiborran el cerebro aprendiendo. Ni en los hogares, ni en las escuelas, ni en las universidades se enseña a desaprender el cúmulo incalculable de asociaciones infundadas y de versiones sin sentido de lo que está aconteciendo. De manera que una visión objetiva del quehacer cotidiano lleva a la conclusión de que lo que sería necesario aprender es insignificante comparado con todo lo que debería olvidarse y borrarse de la memoria. Esta labor ingente se encomienda, únicamente, a la fase REM de los sueños. Pero el hipotálamo, la amígdala y el neocórtex ya tienen suficiente trabajo como para gestionar la basura del vecino, que podría ser amenazante, o, por el contrario, archivar otra basura llena de deseos de quién podría ser la pareja adecuada para reproducirse y perpetuarse.

Espontáneamente, por sí mismo, es muy difícil que el cerebro eche a la basura las prédicas repletas de asociaciones infundadas entre la miseria de unos y la riqueza de los demás; paraíso con ochenta vírgenes y violencia asesina; lugar de residencia y grado de inteligencia; estrella fugaz y acción divina. Parece obvio que habría que completar los circuitos neuronales activados en el sueño con un objetivo muy preciso, con una labor consciente y sistemática de desaprendizaje individual. Es más, en lugar de la necesaria labor de esclarecimiento, se ponen en marcha campañas de lavado de cerebro colectivas para profundizar más, no menos, en la perpetuación de asociaciones infundadas.

CAPÍTULO 8

La fórmula de la felicidad

Estamos llegando a puerto. En las páginas precedentes se ha reflexionado para poder abordar la tarea de reducir tantas ideas a una fórmula sencilla. Las virtudes de una fórmula matemática que sintetice el mapa de la situación sin agravios a la realidad son evidentes. En realidad, no existe desafío más atractivo que el de resumir de un trazo toda la riqueza inabarcable de la información en la que estamos sumergidos. De hecho, no sólo los matemáticos recurren a las fórmulas para hacerse entender. Todas las expresiones son una síntesis de algo mucho más abigarrado y confuso: un cuadro, una frase, una fotografía o un gesto. Somos capaces de comunicarnos, justamente, porque –a veces– sabemos diseñar representaciones que nos liberan del caudal de información y emociones que colman un concepto.

Para encauzar este proceso hacia la fórmula de la felicidad, le sugiero al lector que dividamos el camino en tres etapas. En la primera intentaremos, como decía Bourguiba, el desparecido presidente de Túnez, separar lo esencial de lo importante. No es una tarea fácil y en ella se estrellan los homínidos todos los días e innumerables veces. «¿Por qué éste pierde el tiempo con algo que ni le va ni le viene?», dice la gente o, peor aún, «entiendo que le mortifique la pérdida de su puesto de trabajo, pero el alcohol acabará con su vida». En primer lugar, pues, elegiremos lo esencial en el viaje a la felicidad. A continuación, agruparemos las ideas joya esparcidas a lo largo del texto por sus características básicas. Algunas son capitales para aumentar la felicidad y otras, lógicamente, pese a ser resplandecientes, deben evitarse como la peor de las amenazas. Respecto a la fórmula, bastará –llegado el momento– con poner las primeras joyas en el numerador por su incidencia positiva en el resultado final, y a las que dividen, disminuyen o contaminan en el denominador.

Separar lo esencial de lo importante

Una vez, mientras admiraba los últimos avances en la técnica de ecografías fetales en 3D del ginecólogo Stuart Campbell, el pionero de la visibilidad del embrión, en su clínica de Londres, se me ocurrió exclamar, sin ánimo de recabar una respuesta:

–¡Qué aburrimiento permanecer nueve meses encerrado en el vientre de la madre bañado en líquido amniótico y sin respirar!

–Te equivocas –respondió de inmediato el doctor Campbell–. Nunca volverá a ser tan feliz en toda su vida. El feto está dentro del útero en un entorno templado, protegido de la luz y el ruido; oye los sonidos de la madre y el latido de su corazón. Está muy a gusto.

Es absolutamente verdad, como corroboran las primeras sonrisas y juegos del embrión, que nunca tiene hambre porque la placenta le proporciona los nutrientes de la madre –siempre que ella se alimente debidamente, como recordaba Robert Sapolsky en el capítulo 6–. Tras nueve meses de felicidad, las endorfinas de la embarazada garantizan la alegría de los nacimientos. Pero esa alegría no logra enmascarar la cuantiosa inversión que supone la perpetuación de la especie en los homínidos. Nacemos con un déficit biológico en gastos de mantenimiento que irá aflorando a lo largo de la vida a medida que el desgaste celular, provocado por una actividad frenética y concentrada en pocos años, vaya agotando los escasos recursos previstos para su regeneración. La lógica de la evolución consiste en no asignar más recursos de los estrictamente imprescindibles para el mantenimiento de un organismo que no iba a sobrevivir más allá de los treinta años que destinaba básicamente a reproducirse.

Casi sin comerlo ni beberlo –y gracias sobre todo a algunas ideas elementales de higiene que hubo que arrancar a porrazos al cerebro inercial, y al descubrimiento de los antibióticos–, esta especie se encuentra ahora con cuarenta años de vida redundante, pero con los recursos asignados para su mantenimiento calculados para un período que no llegaba ni a la mitad del actual. Resulta evidente que la consecución de la felicidad exige reducir drásticamente los recursos destinados a la perpetuación de la especie y un aumento correlativo de los recursos asignados a las tareas de mantenimiento.

Menor número de hijos y más cuidados para los pocos que se crían. Cuantiosos desembolsos en la mejora de la calidad de vida, par-

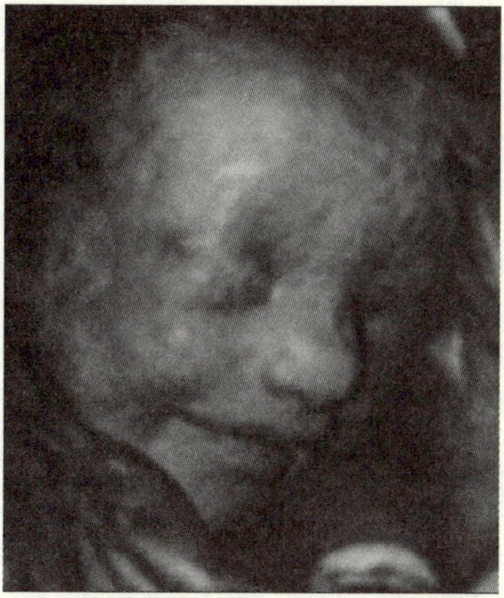

«Nunca volverá a ser tan feliz.» Imagen de un feto sonriendo tomada por el doctor Campbell.

ticularmente durante los cuarenta años redundantes, que están en continuo aumento. Reconversión de las inversiones agresivas con la vida y el medio ambiente en gastos de funcionamiento preventivos. El peso creciente de los intangibles en el producto nacional bruto debería encontrar su reflejo en el refuerzo de los valores también intangibles. Individualización de las ofertas educativas, médicas y farmacológicas de acuerdo con la variabilidad neuronal y genética de los individuos. Prioridad de la investigación sobre la que se asienta el conocimiento científico con relación al conocimiento genético, aprendido y revelado, que implica asentar los apoyos asistenciales en los principios del antiguo «médico de cabecera»: atención frecuente, integral e individualizada.

La lista es interminable y podría alargarse hasta el detalle de optar entre suprimir una humedad en la pared del pasillo o invertir en una grifería nueva en la bañera aunque no estuvieran relacionados. No propondré una receta para cada supuesto de asignación de recursos, sino que la suma de las opciones libres en su distribución refleje la prioridad de los gastos de mantenimiento indispensables en las sociedades modernas.

Wolfgang Pauli fue uno de los físicos teóricos más portentosos. Al principio de exclusión –dos electrones en un átomo no pueden ocupar el mismo estado cuántico– se le llama el principio de Pauli. Además, su carácter era extremadamente emotivo. Otro físico y gran divulgador, Jeremy Bernstein, cuenta en su libro *The Life it Brings: One Physicist's Beginnings* la siguiente anécdota. Pauli acababa de dictar una conferencia en una sala abarrotada de premios Nobel ya galardonados y futuros, como Niels Bohr, de la Universidad de Columbia. Por cierto, fue en el estreno en Nueva York de una obra de teatro dedicada a los entresijos de los debates, no sólo académicos, entre Bohr y Heisenberg, cuando recordé la anécdota en cuestión, una anécdota que mis sueños –de forma totalmente injustificada– habían desechado en el cesto de recuerdos irrisorios. El hecho es que concluida la intervención de Pauli intervino Bohr para decir que toda teoría verdaderamente nueva tenía que ser disparatada y que lo dicho por Pauli era estrambótico, pero no suficientemente disparatado. Entonces el maestro apostilló de inmediato:

–Te equivocas. Mi teoría es absolutamente loca.

–No, no suficientemente –replicó Bohr.

–¡Sí lo es! –repetía Pauli, mirando al auditorio desde el extremo de la mesa.

–¡No es suficientemente disparatada! –contestaba Bohr desde el otro extremo, dirigiéndose, también, al público incrédulo ante el espectáculo.

Cada vez que reflexiono sobre las emociones recuerdo aquella escena. Pauli y Bohr eran dos de los grandes sabios del mundo moderno y compartían un mismo instinto básico: eran capaces de emocionarse. Este rodeo por mi memoria viene a cuento para llegar a una de las conclusiones más obvias de *El viaje a la felicidad:* en el inicio y el final de un trayecto siempre hay una emoción, porque de lo contrario no sería un proyecto. Pauli moriría de cáncer muy pocos meses después de defender que su teoría era tanto fruto de la razón como del corazón. Conviene, pues, echar por la borda todo el pensamiento aristotélico que ha plagado la cultura occidental insistiendo en la irracionalidad y la perversidad de las emociones. Las secuelas de este cambio en la vida cotidiana de la gente son innumerables.

Resulta tan contraproducente no saber controlar las propias emociones como no tenerlas. Es sabio desconfiar de cualquier proyecto que no parta de una emoción. Por mucho que se manifieste lo contrario, no existe una decisión final sobre cualquier asunto que no esté teñida por una emoción. Es mejor reírse, o incluso llorar, cuando el jefe mantiene, impertérrito, que la decisión que acaba de tomar es totalmente objetiva y fundamentada, exclusivamente, en la razón. De ser así, la infinidad de datos y argumentos en uno y otro sentido le habrían impedido decantarse en el último segundo. La presencia de las emociones en la decisión final, y no sólo al comienzo del proyecto, ha llevado ahora a los especialistas en robótica a intentar conferir emociones a sus robots para que puedan tomar decisiones como una persona.

Quisiera apuntar una última idea sobre este tema trascendental. La suma de emociones individuales es igual a una emoción grupal, que es completamente distinta. Los mecanismos neuronales de motivación y recompensa individuales ya estaban perfectamente establecidos y consolidados cuando, hace unos diez mil años, los homínidos se agruparon en comunidades agrícolas. Desde la perspectiva del tiempo geológico, las emociones grupales son emociones desacostumbradas, al contrario de lo que ocurre con los superorganismos formados por los insectos sociales. No es probable, pues, que el asentamiento biológico de esas emociones en los humanos haya tenido tiempo de evolucionar en función de la selección natural. En el interregno, los individuos que componen el colectivo grupal exigen un espacio reservado para sus propios derechos frente a los del superorganismo, y una conducta ejemplar, solidaria y responsable a los dirigentes que suscite la confianza de los administrados. Sin este compromiso, lo más lógico es que la decisión grupal, imprevisible por definición, choque frontalmente con los intereses de los individuos. Es más, parece probable que el rechazo a hipotecar todos los intereses individuales a los del grupo haya impedido la consolidación de superorganismos humanos como los de los insectos sociales.

Parte del desasosiego causado por el impacto de fenómenos como el consumismo en los índices de felicidad de las sociedades extremadamente competitivas de hoy arranca de la renuencia a admitir que los intereses de la sociedad van por un lado –acumulación de riqueza y multiplicación de puestos de trabajo; objetivos legítimos– y los del individuo por otro –la búsqueda igualmente legítima del bienestar y la felicidad personal–. La experiencia aberrante de los pocos superorganismos –sobre todo, en forma de sectas ideológicas y religiosas– que han conseguido prosperar, casi siempre a base de manipulaciones mentales y de la programación de asociaciones infundadas, no augura nada bueno para el ejercicio de las emociones grupales. Mientras las emociones individuales activan los mecanismos encaminados a garantizar la supervivencia, las emociones grupales o colectivas van en sentido contrario –o sin sentido–. No es arriesgado anticipar que, en la medida en que se avance hacia un gobierno planetario, será necesario articular un proceso básico y elemental de convalidación democrática. Tanto es así, que el proceso de legitimación o deslegitimación de las decisiones grupales a escala planetaria impregnará la vida social y política del siglo XXI.

Otra de las joyas de la corona de la felicidad se desprende del experimento de Martin Seligman, realizado en la década de los setenta, sobre el desmoronamiento del sistema inmunitario de las ratas, al que me he referido en el capítulo 4. A las ratas, como recordará el lector, no se les daba alternativa alguna para imaginar y controlar lo que les estaba sucediendo –en el experimento, unas descargas eléctricas aleatorias–. No controlar los acontecimientos irrita sobremanera al cerebro y sume en la depresión. Ahora bien, controlar total o parcialmente la situación conlleva una serie de requisitos previos que la gente tiende a olvidar.

Es preciso haber alcanzado ciertas cotas de competencia en la tarea que se quiere controlar. En el experimento de Seligman sólo se salvó la rata que disponía de una palanca para interrumpir las descargas eléctricas, una vez hubo aprendido a manejar la palanca. También hacía gala de cierta autoestima que la inducía a creer que estaba en su mano liberarse de aquella tortura inexplicable. A pesar de las durísimas condiciones del experimento, la rata se salvó gracias a su capacidad de imaginar situaciones distintas y más felices, a la búsqueda constante de soluciones, a la intensidad con que vivía la expectativa de que, apoyando la palanca, obtendría el premio de la interrupción de la descarga.

No se sabe –es probable que ni el propio Seligman se acuerde– si la rata activaba sus recursos porque los ayudantes de laboratorio la estaban contemplando. En este sentido, el científico británico Walter Gratzer describe un famoso experimento realizado en Nueva York con gatos a los que se encerraba en una jaula con un pestillo vertical para abrir la puerta. Se trataba de descubrir el mecanismo de apertura. Lo sorprendente fue que, habiendo aprendido a desbloquear la puerta, justo antes de hacerlo, el gato realizaba un ritual de gestos, como frotar la cabeza contra una de las paredes de cristal, y otros movimientos sinuosos muy felinos. Nadie se explicaba las razones de aquel ritual, hasta que los ayudantes de laboratorio descubrieron que el gato sólo se entregaba al ritual si había alguien presente. Era la manera gatuna de saludar al personal. Lo intuimos en el caso de la rata, lo descubrimos recientemente en el caso del gato y lo sabemos a ciencia cierta en el caso de los humanos: la activación de los procesos imaginativos, de búsqueda de soluciones y de control implican una interrelación. Si nadie le miraba, el gato dormitaba en la jaula sin buscar siquiera la salida.

Los distintos factores de la felicidad

Ha llegado el momento de detenerse, como sugería al comienzo del capítulo, en la segunda pausa del camino para encontrar la fórmula de la felicidad. Se trata de agrupar ahora los factores relevantes por categorías homogéneas. En el primer listado incluimos los factores netamente reductores del bienestar, bajo el epígrafe **R.** En el segundo grupo, bajo la denominación **C,** figura la carga heredada –lo mejor y a menudo lo único que se puede hacer con este tipo de variables es ser consciente de su presencia–. Por último, bajo el epígrafe **S,** se alude al resto de los factores fundamentalmente significativos.

Al margen de los factores que se identifican como más significativos, existen una serie de conductas que el autor y la mayoría de sus lectores dan por supuestas a la luz de lo que antecede. Son comportamientos de orden tan primario y poco discutible que no debería ser ni necesario representarlos en la fórmula de la felicidad. Me refiero, obviamente, a lo que en el párrafo anterior se ha agrupado bajo el apartado de factores reductores **(R).** Sigue siendo cierto que, sin haberlos asimilado, adentrarse en el resto del proceso de la fórmula es en vano. En otras palabras, aquí se da por descontado que el intento de sintetizar la fórmula de la felicidad sólo pueden llevarlo a cabo quienes hayan asumido previamente las siguientes sugerencias.

FACTORES REDUCTORES DEL BIENESTAR (**R**)

1. Desaprender la mayor parte de las cosas que nos han enseñado es mucho más importante que aprender. No tiene ningún sentido dejar en manos de la fase inconsciente de los sueños la depuración de la experiencia cotidiana de todo lo infundado o irrisorio. No obstante, no existe ningún proceso paralelo que sea consciente y continuado. El pesado fardo del pensamiento y de las convicciones que no han sido sometidas al análisis de la experimentación y la prueba es inversamente proporcional a los índices de felicidad.

2. Deben filtrarse escrupulosamente todas las instrucciones inspiradas en la memoria grupal. Aunque algunos especialistas la adscriben también a la memoria primordial en la que se sustenta la amígdala, el comportamiento más reciente de los grupos inspirados en esa memoria grupal delata la presencia tanto de virus letales como de asociaciones infundadas.

3. No hace falta coordinar lo que ya se coordina por sí solo, empezando por los átomos y las células compuestas de átomos, que se autoorganizan en sistemas ordenados. La historia de la civilización es la historia de la automatización progresiva de procesos. Es totalmente absurdo pretender que los recursos asignados a la gestión de los procesos conscientes y discrecionales –sólo un 5 % del total– deban utilizarse también interfiriendo en la gestión de los procesos automatizados o que podrían automatizarse.

4. De la misma manera que la belleza es la ausencia de dolor, la felicidad es, primordialmente, la ausencia de miedo. Esto supone que al final de cualquier proceso, en lugar de dar palos de ciego movidos por la emoción básica del miedo, esa emoción se ha canalizado en el perfeccionamiento de las competencias propias y en profundizar en las relaciones interpersonales para garantizar la supervivencia.

Ça va de soi, como dirían los franceses. Los cuatro factores reductores citados anteceden a todo planteamiento sobre los índices de la felicidad. Y sería estéril adentrarse en el detalle de la fórmula que sigue sin haberlos dado por aprendidos. Lamentablemente, el sentimiento de insatisfacción generado por muchas recetas pormenorizadas de autoayuda arranca de su formulación al margen de esos factores reductores. Es evidente que muy pocas –o ninguna– de las recetas surtirán efecto sin la voluntad de desaprender, de cuestionar las instrucciones grupales, de no interferir con lo que ya funciona y, finalmente, de poner lo necesario para que el miedo, en lugar de ser agobiante, sea un estímulo positivo. Resuelta esta cuestión previa, ya podemos profundizar en la segunda estación en el camino hacia la felicidad. Se trata de asignar a los dos otros epígrafes los distintos factores relevantes.

LA CARGA HEREDADA EN LA BÚSQUEDA DE LA FELICIDAD (C)

1. Todos somos mutantes, aunque algunos más que otros. Cada embrión genera entre tres y cuatro mutaciones exclusivas que van en detrimento de su salud. De las aproximadamente trescientas mutaciones lesivas para salud que se dan en un individuo, unas de fabricación propia y las demás heredadas, el embrión se hace con algunas que pueden obstaculizar sus mecanismos de bienestar. Es una carga heredada cuya compensación, en el mejor de los casos, distrae recursos de otras funciones necesarias.

2. El desgaste de los materiales –al igual que en la industria de bienes de equipo– es inevitable. A la hora de compensar este desgaste nos encontramos con que, al igual que ocurre en la obsolescencia programada de los vehículos y los electrodomésticos, es distinta para cada organismo, cosa que exige una diferenciación individual en las capacidades regenerativas.

3. Una variedad no programada del desgaste de materiales es el envejecimiento. No estamos programados para morir, en el sentido de que ningún gen ni mecanismo genético tiene la función de interrumpir en un momento dado los procesos vitales. El envejecimiento depende de

la habilidad en evitar las miles de agresiones que soportan las células diariamente y en reforzar sus mecanismos de regeneración. Para neutralizar la correlación positiva existente en la actualidad entre la edad y el riesgo de fallecimiento por unidad de tiempo, harán falta recursos financieros ingentes para aplicar las tecnologías en curso de investigación destinadas a eliminar, en una primera fase, la acumulación de mutaciones nocivas en los cromosomas y mitocondrias.

4. El ejercicio abyecto del poder político es, a todos los efectos, una carga heredada, puesto que se trata de un hecho cultural y los ritmos de los cambios culturales son extremadamente lentos respecto a otros cambios como los técnicos e incluso los sociales. Como han puesto de manifiesto las encuestas más recientes sobre los índices de felicidad, la persistencia de sistemas no democráticos y la presencia de gobiernos corruptos inciden muy significativamente sobre los índices de felicidad. A medio plazo, por supuesto, la relevancia apuntada de este factor en los niveles de bienestar acabará condicionando todos los programas de cooperación y ayuda internacionales.

5. La diferencia entre los humanos y el resto de los animales es que a los primeros les basta con imaginar una situación de estrés para desencadenar sus emociones básicas y su secuela de flujos hormonales. Los homínidos no necesitan enfrentarse con un peligro real para aumentar sus niveles de ansiedad. Les basta con imaginarlo. En este sentido tienen razón los neurocientíficos cuando recuerdan que la mente influye sobre el metabolismo de las personas. Y los ginecólogos, al constatar que los embriones que se ríen en el vientre de su madre suelen sonreír al nacer, a diferencia de los más taciturnos.

FACTORES SIGNIFICATIVOS EN LOS ÍNDICES DE FELICIDAD (S)

Se cuenta que, una vez, el famoso matemático G. H. Hardy, de la Universidad de Cambridge, al terminar de escribir en la pizarra unas ecuaciones, se volvió hacia sus alumnos y exclamó: «Ahora resulta totalmente obvio... –empezó a decir, y se sumió en una interminable pausa de varios minutos en medio de un silencio sepulcral–. Es verdad, ahora resulta obvio», prosiguió luego sin asomo de duda el profesor Hardy. La pasión por su disciplina le llevó al extremo de decirle al filósofo Bertrand Russell en plena conversación: «Si pudiera encontrar una prueba de que morirías dentro de cinco minutos, por supuesto sentiría pena por haberte perdido, pero toda la tristeza sería compensada con creces por la alegría de la prueba».

No se me ocurre ninguna cita mejor para expresar mi estado de ánimo justo antes de enumerar –después de tanto circunloquio y reflexión– la quintaesencia de la cuestión. Tras haber escrito con el lector tantas ecuaciones en la pizarra, lo mejor que se me ocurre –como al profesor Hardy– es exclamar: «Ahora resulta totalmente obvio...», seguido de unos minutos de silencio antes de proseguir con la enumeración de los factores más significativos en los índices de felicidad.

Primero. El factor fundamental es canalizar hacia la vida cotidiana la misma emoción que G. H. Hardy encontraba en su profesión. La **E** de **emoción** multiplicará a los demás factores en la fórmula; si es cero, nada de todo lo restante tendrá valor. En cierto modo, sustituye a lo que en un libro anterior titulado *Adaptarse a la marea* llamaba el tiempo psicológico; en el que indicaba que sin salir del tiempo físico ordinario resultaba imposible encontrar momentos de felicidad. Con relación a nuestros antepasados, que se enfrentaban casi siempre a realidades generadoras de miedo que activaban sus mecanismos cerebrales de recompensa para sobrevivir, los descendientes del *Homo ergaster* se emocionan buscando y descubriendo el *big bang*, profundizando en el conocimiento de la naturaleza y de sí mismos. ¿Me emociona este proyecto o esta relación? No tiene por qué emocionarme necesariamente, pero los últimos datos científicos indican que una respuesta negativa presupone que, por muy conveniente o sensato que sea el proyecto, difícilmente tendrá un impacto significativo en los índices de felicidad.

Segundo. Es necesario dedicar más recursos al mantenimiento y menos a la inversión. Al sugerir al comienzo de este capítulo que la primera tarea sería diferenciar lo esencial de lo importante, ya me estaba refiriendo a este concepto. La **M** de **mantenimiento** es el segundo factor, por derecho propio, que encuentra su cabida en el numerador de la fórmula de la felicidad. Su aplicación a la vida cotidiana requiere un cambio de estrategia psicológica que consiste en incorporar el gusto característico del resto de los animales por el detalle, renunciando en parte a la querencia humana por la idea o el conjunto de la obra. El peor reproche que se hacen los humanos entre sí es que «el árbol no le deja ver el bosque». Pues ¡qué suerte!, porque sin ver el árbol no se pueden activar las conductas tendentes al mantenimiento. Con el mismo objetivo, existen ya empresas que están descubriendo las virtudes del «espíritu de médico de cabecera» en la relación con sus clientes: trato diferencial, fundamentado en el detalle que los demás no ven, e integrado.

Tercero. Sólo vemos e imaginamos lo que estamos acostumbrados a ver. Cuando la Luna aparece en el horizonte pegada a la Tierra por encima de una montaña, la vemos más grande que cuando está en nuestra vertical. Y, sin embargo, es la misma luna, con el mismo tamaño y situada a igual distancia. Pero el cerebro, que siempre intenta tranquilizarnos, desfigura el tamaño de la Luna para aproximarla a las proporciones a las que estamos acostumbrados aquí en la Tierra, cuando hay una montaña detrás. Por eso la **B** de **búsqueda** constante de lo que no ven los demás es el tercer factor de la fórmula. En la búsqueda y la expectativa radica la felicidad. En la vida cotidiana esto supone cambiar el ensimismamiento por el espíritu multidisciplinar y la capacidad metafórica. ¡Qué razón tenía el premio Nobel de Fisiología o Medicina Sydney Brenner al afirmar que la ignorancia de los demás había sido un gran activo para él! Los que no sabían nada del tema en que él solía ensimismarse le aportaban una visión fresca y nueva que le ayudaba en sus investigaciones. Ampliar las coordenadas del propio mapa de situación, ejercer la capacidad de búsqueda metafórica del cerebro a la que Steven Mitthen, de la Universidad de Reading, científico de la prehistoria del cerebro, atribuye el gran salto adelante de los homínidos, que les permitió acceder al arte, la religión y la ciencia. En el epígrafe dedicado a **la carga heredada (C)** se mencionaba la singularidad de los humanos para imaginar situaciones futuras de estrés con idénticos resultados fisiológicos que si las vivencias fueran reales. ¿Por qué no desarrollar esa misma capacidad de imaginar situaciones que generen bienestar?

Cuarto. El placer, el bienestar y la felicidad residen en el proceso de búsqueda y no tanto en la consecución del bien deseado. A este respecto resulta ilustrativa la experiencia consensuada del premio Nobel. La mejor manera de no lograrlo consiste en proponerse, sistemáticamente, su obtención. Por lo demás, raro es el premio Nobel que no recuerde tiernamente la felicidad que sentía –en contraste con los agobios oficiales posteriores al nombramiento– durante los duros años de investigación. La felicidad está escondida en la sala de espera de la felicidad.

Quinto. La anécdota del gato contada por Walter Gratz nos lleva de la mano hacia la última alhaja del repertorio de instrumentos de la felicidad. En la creciente, casi agobiante, literatura en torno al tema, existe un consenso generalizado sobre el impacto modesto en los niveles de felicidad de lo que llamábamos los factores externos o los grandes mitos. Con una excepción marcada, la de las relaciones interpersonales.

Ya en la cuna buscamos rostros ajenos que entonen agudos con los que familiarizarnos. Sobre todo si, como ocurre más a menudo de lo que se está dispuesto a confesar, los lazos maternos tardan en consolidarse. Poco después, muy pronto, las neuronas espejo permitirán imitar y ejecutar los movimientos de otros, aprender de los demás. Hace unos años, la psicóloga y escritora estadounidense Judith Rich Harris, tras levantar un gran revuelo sugiriendo que la educación de los padres influía escasamente en el futuro a largo plazo de sus hijos –en comparación con los amigos de turno–, afirmaba que «en lo que sí tenemos una gran influencia es en su presente, y podemos hacerlos tremendamente infelices». Se diría que, a medida que pasan los años, aumenta la vulnerabilidad que dimana de las interrelaciones sociales. El caso más extremo es el del amor y su dependencia.

Antes de hablar del amor en el contexto de la felicidad es preciso sortear el debate en torno a la belleza que, supuestamente, lo activa. Los psicólogos evolutivos tienen resuelto este problema, con abundantes pruebas. La belleza es un indicador de la salud. Con la cola desplegada, el pavo le está diciendo a la hembra: «Soy fabuloso, estoy increíblemente sano, tengo unos genes fantásticos gracias a los cuales he podido resistir a los parásitos», o tal vez, «simplemente tuve suerte, pero el hecho es que estoy increíblemente sano». Muy probablemente, es lo que el pavo le dice a la pava porque es cierto que en un entorno de escasez la cola del pavo real pierde su esplendor, y que a las hembras les seduce lo contrario, adoran las colas saludables, como corroboran muchos experimentos.

Ahora bien, ¿qué sucede con los humanos? ¿Cuál es nuestra cola de pavo real? El genetista Armand Marie Leroi, profundo conocedor de las tormentas mutacionales del ser humano, tiene una repuesta. «Cada vez es más probable que sea nuestro rostro. Cuando juzgamos la belleza de alguien lo primero que miramos es su cara», me dijo hace apenas unos meses en una larga conversación en su laboratorio en Inglaterra.

No es seguro que el rostro sea el espejo del alma, pero todos los médicos están de acuerdo en que la cara es una parte del cuerpo muy complicada donde los ojos, la nariz y las marcas cutáneas reflejan casi todas las enfermedades ocasionales o del entorno. Armand Marie Leroi va más allá y recuerda que casi todos los trastornos genéticos también dejan su huella en la cara. «La belleza, aunque apenas seamos conscientes de ello, es la ausencia de error –prosigue Leroi–. No es una cualidad en sí misma, sino la ausencia de vicisitudes en la vida, de mutaciones reflejadas en el rostro. De vez en cuando vemos a alguien que ha escapado de ellas y nos decimos que encarna la belleza.» El escritor francés Stendhal decía que «la belleza es la promesa de felicidad», pero yo creo que la belleza es más bien la ausencia de dolor, o del recuerdo del dolor.

Seguro que el lector ha intuido en este preciso instante por qué he traído a colación a un autor y un recuerdo de nuestra conversación que podía parecer, a primera vista, fuera de contexto: si la belleza es la ausencia de dolor, resulta más creíble la tesis principal de este libro de que la felicidad, tan íntimamente vinculada a la belleza, es la ausencia de miedo. Ya estamos, pues, preparados para hablar del amor, que tantas relaciones interpersonales conmueve y que, a su vez, tanto incide sobre los niveles de felicidad; en todo caso, mucho más que el trabajo, la educación, la salud o la pertenencia a un grupo étnico.

Un equipo de científicos dirigidos por Helen Fisher, de la Rutgers University, sometieron a un grupo de enamorados a pruebas de resonancia magnética. Como en el caso de la música y el arte, los resultados confirmaron lo que cabía esperar. Los circuitos cerebrales activados de las personas locamente enamoradas estaban localizados en dos zonas del cerebro primordial: la ventral tegmental y el núcleo caudado, es decir en las partes integrantes del mecanismo de recompensa y en el motivacional. En la base del amor romántico había, también, dosis significativas de secreciones hormonales de dopamina.

Los experimentos confirmaron que, esta vez, el refranero popular acierta al decir que «con el amor no se juega» y, si se juega, hay que ser consciente de que no se trata de algo intrascendente. Se está hablando de un instinto básico que transcurre por los conocidos circuitos neuronales del placer, con el objetivo intermedio de ayudar a centrar en una persona todos los esfuerzos de seducción que, de otra manera, podrían desperdigarse sin alcanzar el objetivo último de la perpetuación de la especie. Por lo demás, no parece que la activación simultánea de la misma región cerebral activada por el sabor del chocolate constituya un dato suficiente para adjetivar al amor romántico de adictivo. La inexplicable proliferación de casos de violencia doméstica tendría así una explicación, pero es mucho más probable que esta lacra social tenga sus orígenes en otras emociones básicas como la ira alimentada por altas dosis de dopamina o, simplemente, la falta psicópata de empatía.

La incidencia de las relaciones interpersonales en los niveles de felicidad cobra hoy en día un relieve especial a raíz de la interconectividad planetaria impuesta por las tecnologías de la información y las comunicaciones. Todavía no se sabe descifrar el sentido de los grandes conjuntos ordenados y, todavía menos, de su impacto en los mecanismos neurológicos básicos. Si se analiza la historia de la ciencia, se descubre que está dominada por un cierto reduccionismo que apareció en el siglo XVIII. Los biólogos estudiaban la vida, los físicos los átomos y los químicos las sustancias naturales y sintéticas. Pero cuando se observa la naturaleza nunca se ven las partículas mencionadas de forma individual. Las células, las proteínas o los *quark* siempre funcionan interrelacionados entre sí. Ahora que se sabe tanto de las piezas por separado, ha llegado el momento de entender cómo funcionan juntas.

Las nuevas teorías de las redes intentan justamente esto. Uno de sus primeros descubrimientos ha sido el concepto «del pequeño mundo» en virtud del cual, y gracias al mecanismo de la red de redes, el número de pasos necesarios para interconectar a dos personas del planeta no supera la veintena. La gente está mucho más cerca una de otra que en toda la historia de la evolución. ¿Cómo gestiona el cerebro emocional esta ultraexposición repentina a las relaciones interpersonales? Saberlo sería menos arduo si tuvieran razón los expertos como Albert László Barabási, profesor de la Universidad de Notre Dame, en Indiana, al afirmar que en la naturaleza puede constatarse una extraña necesidad de orden, en lugar del caos en el que aparentemente se vive. Se trata, no sólo de descubrir ese orden, sino de comprenderlo y utilizarlo. Lo que parecía caos y desorden no era sino ignorancia de las interrelaciones de las cosas y las personas, como veremos al final de este proceso.

Que nadie se lleve a engaño. Las relaciones interpersonales tienen una incidencia mucho mayor que el clima en los índices de felicidad –está comprobado que los habitantes de Sicilia no son más felices que los de Groenlandia–. Por ello figuran con la inicial **P de relaciones personales** en el espacio estelar de la fórmula de la felicidad.

CUADRO 2

Factores que inciden en el nivel de felicidad

Factores reductores **(R)**
Ausencia de desaprendizaje Recurso a la memoria grupal Interferencia con los procesos automatizados Predominio del miedo
La carga heredada **(C)**
Mutaciones lesivas Desgaste y envejecimiento Ejercicio abyecto del poder político Estrés imaginado
Factores significativos **(S)**
Emoción al comienzo y final de proyecto **(E)** Mantenimiento y atención al detalle **(M)** Disfrute de la búsqueda y la expectativa **(B)** Relaciones personales **(P)**

La fórmula de la felicidad

El lector encontrará en el cuadro 2 los factores que sustentan la fórmula final de la felicidad. Si se sigue el orden apuntado anteriormente, el divisor de la fórmula que dimana del cuadro 2 vendrá dado por la suma de los factores reductores y de la carga heredada. Dentro de unos años, el sistema educativo enseñará a los niños que el primer paso en la búsqueda del bienestar radica en aligerar el denominador integrado por los factores reductivos y la carga heredada. Mediante evaluaciones ponderadas, los niños descubrirán en cada caso particular el peso exacto del poder divisorio de lo que no han desaprendido todavía, la influencia nefasta del adoctrinamiento grupal, su grado de desconfianza en los procesos automatizados y en qué medida su miedo emocional supera las exigencias del estado de alerta necesario para la supervivencia.

Para completar el denominador de la fórmula medirán su carga mutacional particular, el grado de transparencia y el carácter participativo del sistema político en el que les ha tocado en suerte vivir y, por último, su disponibilidad a imaginar el bienestar futuro y no sólo situaciones de estrés. Es muy probable que este estudio, junto con los correspondientes ejercicios, les absorba un año escolar entero.

$$\text{Felicidad} = \frac{\qquad}{R + C}$$

El aprendizaje del numerador será más arduo. Asimilarán que sus padres llamaban «forma racional de pensar» a una reliquia milenaria y que las emociones –lejos de representar la perversidad– exigen adentrarse en su conocimiento y controlarlas una a una. Mediante experimentos prácticos se enseñará a los niños a saber ponerse en el lugar del otro, a empatizar y a descubrir tanto la emoción que impulsa sus actividades como la que les lleva a tomar una decisión en lugar de otra. A través del conocimiento emocional aprenderán a ver, simultáneamente, el bosque y los detalles de un árbol en concreto. Al final del curso sabrán que la emoción es el multiplicando del numerador y que sin emoción no hay nada. El estudio de las emociones les ocupará otro año escolar.

$$\text{Felicidad} = \frac{E(\quad)}{R + C}$$

En el tercer curso habrán adquirido suficiente conocimiento y experiencia para liquidar en un solo año todo el contenido interior del paréntesis. Descubrirán que los recursos son limitados y que las plantas, los animales y las personas requieren una atención constante y diferenciada. Al jugar al escondite, se evaluarán sus constantes personales antes, durante y después para que puedan constatar que los momentos más felices y creativos fueron los de la búsqueda. Mediante experimentos benévolos con mohos mucilaginosos, ratas, gatos, pájaros y hormigas, se darán cuenta del impacto de la comunicación y de la vida social. Tendrán la fórmula de la felicidad en su memoria a largo plazo y, como se mostraba en los capítulos anteriores, para siempre.

$$\text{Felicidad} = \frac{E(M + B + P)}{R + C}$$

Con estas bases rudimentarias sobre la ciencia del bienestar ya estarán preparados para adentrarse en el estudio de las demás ciencias del conocimiento, como la gramática de diferentes lenguajes, incluida la música y el arte, las tecnologías de la información y las telecomunicaciones, la inmensidad del vacío que rodea a los cuerpos celestes y las partículas cuánticas, o la vastedad de la vida microbiana que nos ha precedido y les sobrevivirá.

Londres, agosto de 2005

Agradecimientos

No tengo más remedio que omitir los nombres de los muchos científicos amigos que me sugirieron la idea de escribir este libro –la mayoría de ellos ya figuran en la reducida lista bibliográfica que acompaña al texto–. Pero no puedo ni quiero dejar de mencionar, antes de nada, dos colaboraciones inestimables ya en pleno fragor de la redacción: sus estudios de filosofía y música en la Universidad de Oxford y la Manhattan School of Music de Nueva York, junto a su larga experiencia editorial en Anaya y la Sociedad General de Autores y de Editores, se confabularon para que la aportación de Elsa Punset fuera mucho más allá de una simple colaboración profesional.

Mi agradecimiento a Mercè Piqueras –miembro del grupo de ecogenética microbiana que dirige el profesor Ricardo Guerrero, del departamento de Microbiología de la Universidad de Barcelona–, por las tareas de revisión del manuscrito, está anclado en colaboraciones previas y encuentros múltiples, cada vez que se cruzan la voluntad de estimular la comprensión pública de la ciencia con las ganas de aprender. Igual ocurre con mi amigo Javier Tejada, catedrático de Física de la Universidad de Barcelona, que accedió, además, a conjugar la lectura del manuscrito con sus vacaciones estivales. Por último, el capítulo 7, dedicado a las emociones programadas o atajos a la felicidad, debe mucho a la inteligencia y el método de la pareja de bioquímicos e investigadores Gustavo Bodelón y Celina Costas. En cuanto al libro –tal y como llega a las manos del lector–, quisiera expresar mi agradecimiento, como en ocasiones anteriores, a Mauricio Bach por convertir en creativa la relación habitualmente impregnada de descargas hormonales entre el autor y el editor. Y, también como en otras ocasiones, a Begoña Barrabés, por los trabajos, desde la productora científica Smart Planet, de coordinación de las ilustraciones y la promoción de *El viaje a la felicidad*.

Sugerencias bibliográficas

Capítulo 1

CSIKSZENTMIHALYI, MIHALY, *Finding Flow. The Psychology of Engagement with Everyday Life,* Basic Books, 1997.

DE GREY, AUBREY D.N.J., *The Foreseeability of Real Anti-aging Medicine: Focusing the Debate,* Department of Genetics, Cambridge, 2003.

GEE, HENRY, *Jacob's Ladder: The History of the Human Genome,* Fourth Estate, 2004.

KIRKWOOD, TOM, *The End of Age: Why Everything About Aging is Changing,* Profile, 1999. [*El fin del envejecimiento, ciencia y longevidad,* Barcelona, Tusquets, 2000.]

REES, MARTIN, *Our Final Century: Will the Human Race Survive the Twenty-first Century?,* William Heinemann, 2003. [*Nuestra hora final. ¿Será el siglo XXI el último de la humanidad?,* Barcelona, Crítica, 2004.]

WALTON, STUART, *Humanity: An Emotional History,* Atlantic Books, 2004. [*Humanidad. Una historia de las emociones*, Madrid, Taurus, 2005.]

Capítulo 2

BONNER, JOHN T., *The Evolution of Culture in Animals,* Princeton University Press, 1980. [*La evolución de la cultura en los animales*, Madrid, Alianza, 1982.]

DARWIN, CHARLES, *The Experience of the Emotions in Man and Animals,* Introducción de Paul Ekman, HarperCollins, 1998. [*La expresión de las emociones en los animales y en el hombre*, Madrid, Alianza, 1998.]

GRANDIN, TEMPLE y JOHNSON, CATHERINE, *Animals in Translation: Using the Mysteries of Autism to Decode Animal Behavior,* Scribner, 2005.

WILSON, EDWARD O., *Naturalist,* Warner Books, 1995. [*El naturalista*, Barcelona, Debate, 1995.]

WRIGHT, ROBERT, *The Moral Animal: Why We Are the Way We Are: The New Science of Evolutionary Psychology,* Vintage Books, 1994.

Capítulo 3

DAMASIO, ANTONIO, *Looking for Spinoza: Joy, Sorrow, and the Feeling Brain,* Harvest Books, 2003. [*En busca de Spinoza. Neurobiología de la emoción y los sentimientos*, Barcelona, Crítica, 2005.]

EVANS, DYLAN, *Emotion: The Sciencie of Sentiment*, Oxford University Press, 2001. [*Emoción*, Madrid, Taurus, 2002.]

LEROI, ARMAND MARIE, *Mutants: On Genetic Variety and The Human Body,* Penguin Books, 2003.

ROSE, STEVEN, *The Making of Memory: From Molecules to Mind,* Anchor, 1993.

SACKS, OLIVER, *The Man Who Mistook His Wife For a Hat,* Simon & Schuster, 1985. [*El hombre que confundió a su mujer con un sombrero*, Barcelona, Anagrama, 2005.]

Capítulo 4

BARON-COHEN, SIMON, *The Essential Difference: Forget Mars and Venus and Discover the Truth About the Opposite Sex,* Penguin Books, 2004. [*La gran diferencia. Cómo son realmente los cerebros de hombres y mujeres*, Barcelona, Amat, 2005.]

GREGORY, RICHARD, *Illusion: Making Sense of the Senses,* Oxford University Press, 2002.

LEDOUX, JOSEPH, *Synaptic Self: How Our Brains Become Who We Are,* Penguin, 2003.

LLINÁS, RODOLFO, *I of the Vortex: From Neurons to Self,* Bradford Books, 2001. [*El cerebro y el mito del yo. El papel de las neuronas en el pensamiento y el comportamiento humano*, Barcelona, Belacqua, 2003.]

Capítulo 5

BARASH, DAVID P., *The Survival Game: How Game Theory Explains The Biology of Cooperation and Competition,* Henry Holt and Company, 2003.

DENNETT, DANIEL, *Consciousness Explained,* Back Bay Books, 1992.

KAHNEMAN, DANIEL y TVERSKY, A., *Choices, Values, and Frames,* Cambridge University Press, 2000.

GILBERT, DANIEL y WATSON, T., «Miswanting: Some Problems in the Forecasting of Future Affective States». En J. Forgas (ed.), *Feeling and Thinking,* Cambridge University Press, 2001.

MARGULIS, LYNN y SAGAN, DORION, *What is Life?,* University of California Press, 2000. [*¿Qué es la vida?,* Barcelona, Tusquets, 2001.]

MARINA, JOSÉ ANTONIO, *Teoría de la inteligencia creadora,* Barcelona, Anagrama, 1998; Barcelona, Círculo de Lectores, 1995.

SELIGMAN, MARTIN, *Authentic Happiness: Using the New Positive Psychology to Realize Your Potential for Lasting Fulfillment,* Free Press, 2002. [*La auténtica felicidad. La nueva psicología positiva revoluciona el concepto de felicidad y señala el camino para conseguirla*, Barcelona, Ediciones B, 2003.]

STROGATZ, STEVEN, *Sync: The Emerging Science of Spontaneous Order,* Penguin Books, 2003.

WRIGHT, ROBERT, *Non Zero: History, Evolution & Human Cooperation,* Little, Brown & Company, 2001.

Capítulo 6

DAWKINS, RICHARD, *A Devil's Chaplain, Reflections on Hope, Lies, Science, and Love,* Houghton Mifflin, 2003. [*El capellán del diablo. Reflexiones sobre la esperanza, la mentira, la ciencia y el amor*, Barcelona, Gedisa, 2005.]

EKMAN, PAUL, *Emotions Revealed: Recognizing Faces and Feelings to Improve Comunication and Emotional Life,* Phoenix, 2003.

FREY, BRUNO y STUTZER, ALOIS, *Happiness and Economics: How the Economy and Institutions Affect Human Well-being,* Princeton University Press, 2002.

LAYARD, RICHARD, *Happiness: Lessons from a New Science,* Allen Lane, 2005. [*La felicidad: lecciones de una nueva ciencia*, Madrid, Taurus, 2005.]

PUNSET, EDUARDO, *Cara a cara con la vida, la mente y el Universo. Conversaciones con los grandes científicos de nuestro tiempo,* Barcelona, Círculo de Lectores, 2005.

SAPOLSKY, ROBERT, *Why Zebras Don't Get Ulcers,* Owl Books, 1994. [*¿Por qué las cebras no tienen úlcera? La guía del estrés*, Madrid, Alianza, 1995.]

Capítulo 7

BLOOD, ANNE y ZATORRE, ROBERT J., *Proceedings of National Academy of Science,* 25 sept., 2001, vol. 98, n.º 20.

EDELMAN, GERALD M. y TONONI, GIULIO, *A Universe of Consciousness: How Matter Becomes Imagination,* Basic Books, 2000. [*El universo de la conciencia. Cómo la materia se convierte en imaginación,* Barcelona, Crítica, 2002.]

GOLDSTEIN, AVRAM, «Music/Endorphin Link», *Brain/Mind Bulletin,* Stanford, 21/1/84 y 11/2/84.

MITHEN, STEVEN, *The Singing Neanderthals: The Origins of Music, Language, Mind and Body,* Weidenfeld & Nicholson, 2005.

PINKER, STEVEN, *How the Mind Works,* W W Norton & co. Inc, 1997. [*Cómo funciona la mente*, Barcelona, Destino, 2000.]

ROCK, ANDREA, *The Mind at Night: The New Science of How and Why We Dream,* Basic Books, 2004.

Capítulo 8

BERNSTEIN, JEREMY, *The Life it brings: One Physicist's Beginnings,* Houghton Mifflin, 1989.

CAMPBELL, STUART, *Watch Me Grow: A Unique, 3-Dimensional week-by-week Look at Your Baby's Behavior and Development in the Womb,* Carroll & Brown, 2004. [*¡Mira cómo crezco! Una visión tridimensional y única, semana a semana, del comportamiento del bebé y de su desarrollo en el útero*, Barcelona, Planeta, 2004.]

FISHER, HELEN, *Why We Love: The Nature and Chemistry of Romantic Love*, Henry Holt, 2004. [*Por qué amamos*, Madrid, Taurus, 2005.]

GRATZER, WALTER, *Eurekas and Euphorias: The Oxford Book of Scientific Anecdotes*, Oxford University Press 2002. [*Eurekas y euforias. Cómo entender la ciencia a través de sus anécdotas*, Barcelona, Crítica, 2004.]

HARDY, G. H., *A Mathematician's Apology*, Cambridge University Press, 1992. [*Autojustificación de un matemático*, Barcelona, Ariel, 1981.]

LÁSZLÓ BARABÁSI, ALBERT, *Linked: How Everything is Connected to Everything Else and What it Means*, Penguin, 2003.

PUNSET, EDUARDO, *Adaptarse a la marea. La selección natural en los negocios*, Madrid, Espasa-Calpe, 2004.

Créditos fotográficos

Página

13	© Prisma
15	© Minden
30	cedida por Eduardo Punset
33	© Rick Friedman / Corbis
41	© The Picture Hunters / Fino Foto
50	© Smart Planet S.L.
51	© Bettmann / Corbis
55	cedida por Eduardo Punset
64	© Nasjonalgalleriet / Akg-images / Album
80	© Vicky Ceelen
91	© Smart Planet S.L.
94	© Guntram Deichsel
120	cedida por Robert Sapolsky
135	© Cristoph Burki / Getty Images *(superior)*, © Richard Laird / Getty Images *(inferior)*
154	© Francis G. Mayer / Corbis *(superior izquierda)*, © The Bridgeman Art Library *(superior derecha)*, © Arte & Immagini srl / Corbis *(inferior izquierda)*, © Rabatti-Domingie / Akg-images /Album *(inferior derecha)*
158	© Werner Forman / Corbis
171	© Smart Planet S.L.

Índice

Diseño: Joan Batallé
Fotografía de la sobrecubierta: NONSTOCK/Cover
Foto de solapa: © Joan Tomàs

Círculo de Lectores, S. A. (Sociedad Unipersonal)
Travessera de Gràcia, 47-49, 08021 Barcelona
www.circulo.es
5 7 9 6 0 0 6 8 6 4

Licencia editorial para Círculo de Lectores
por cortesía de Ediciones Destino, S. A.

Depósito legal: B. 21677-2006
Fotocomposición: Fotoletra, S. A., Barcelona
Impresión y encuadernación: Printer industria gráfica
N. II, Cuatro caminos s/n, 08620 Sant Vicenç dels Horts
Barcelona, 2006. Impreso en España
ISBN 84-672-1907-6
N.º 32656